U0724744

梅兰芳二十四章

徐城北　著

北京时代华文书局

图书在版编目（CIP）数据

梅兰芳二十四章 / 徐城北著 . -- 北京 : 北京时代华文书局 , 2024.7
（中国艺术研究院学术文库 / 王文章主编）
ISBN 978-7-5699-5034-2

Ⅰ . ①梅… Ⅱ . ①徐… Ⅲ . ①梅兰芳（1894-1961）—生平事迹 Ⅳ . ① K825.78

中国国家版本馆 CIP 数据核字 (2024) 第 063571 号

MEI LANFANG ERSHISI ZHANG

出 版 人：陈　涛
责任编辑：徐敏峰
装帧设计：程　慧
责任印制：刘　银　訾　敬

出版发行：北京时代华文书局 http://www.bjsdsj.com.cn
　　　　　北京市东城区安定门外大街 138 号皇城国际大厦 A 座 8 层
　　　　　邮编： 100011　电话： 010-64263661　64261528
印　　刷：三河市嘉科万达彩色印刷有限公司
开　　本： 710 mm×1000 mm 1/16　　　　成品尺寸： 170 mm×240 mm
印　　张： 13　　　　　　　　　　　　　字　　数： 207 千字
版　　次： 2024 年 7 月第 1 版　　　　　印　　次： 2024 年 7 月第 1 次印刷
定　　价： 80.00 元

总　序

王文章

　　以宏阔的视野和多元的思考方式，通过学术探求，超越当代社会功利，承续传统人文精神，努力寻求新时代的文化价值和精神理想，是文化学者义不容辞的责任。多年以来，中国艺术研究院的学者们，正是以"推陈出新"学术使命的担当为己任，关注文化艺术发展实践，求真求实，尽可能地从揭示不同艺术门类的本体规律出发做深入的研究。正因此，中国艺术研究院学者们的学术成果，才具有了独特的价值。

　　中国艺术研究院在曲折的发展历程中，经历聚散沉浮，但秉持学术自省、求真求实和理论创新的纯粹学术精神，是其一以贯之的主体性追求。一代又一代的学者扎根中国艺术研究院这片学术沃土，以学术为立身之本，奉献出了《中国戏曲通史》《中国戏曲通论》《中国古代音乐史稿》《中国美术史》《中国舞蹈发展史》《中国话剧通史》《中国电影发展史》《中国建筑艺术史》《美学概论》等新中国奠基性的艺术史论著作。及至近年来的《中国民间美术全集》《中国当代电影发展史》《中国近代戏曲史》《中国少数民族戏曲剧种发展史》《中国音乐文物大系》《中华艺术通史》《中国先进文化论》《非物质文化遗产概论》《西部人文资源研究丛书》等一大批学术专著，都在学界产生了重要影响。近十多年来，中国艺术研究院的学者出版学术专著在千种以上，并发表了大量的学术论文。处于大变革时代的中国

1

艺术研究院的学者们以自己的创造智慧，在时代的发展中，为我国当代的文化建设和学术发展做出了当之无愧的贡献。

为检阅、展示中国艺术研究院学者们研究成果的概貌，我院特编选出版"中国艺术研究院学术文库"丛书。入选作者均为我院在职的副研究员、研究员。虽然他们只是我院包括离退休学者和青年学者在内众多的研究人员中的一部分，也只是每人一本专著或自选集入编，但从整体上看，丛书基本可以从学术精神上体现中国艺术研究院作为一个学术群体的自觉人文追求和学术探索的锐气，也体现了不同学者的独立研究个性和理论品格。他们的研究内容包括戏曲、音乐、美术、舞蹈、话剧、影视、摄影、建筑艺术、红学、艺术设计、非物质文化遗产和文学等，几乎涵盖了文化艺术的所有门类，学者们或以新的观念与方法，对各门类艺术史论做了新的揭示与概括，或着眼现实，从不同的角度表达了对当前文化艺术发展趋向的敏锐观察与深刻洞见。丛书通过对我院近年来学术成果的检阅性、集中性展示，可以强烈感受到我院新时期以来的学术创新和学术探索，并看到我国艺术学理论前沿的许多重要成果，同时也可以代表性地勾勒出新世纪以来我国文化艺术发展及其理论研究的时代轨迹。

中国艺术研究院作为我国唯一的一所集艺术研究、艺术创作、艺术教育为一体的国家级综合性艺术学术机构，始终以学术精进为己任，以推动我国文化艺术和学术繁荣为职责。进入新世纪以来，中国艺术研究院改变了单一的艺术研究体制，逐步形成了艺术研究、艺术创作、艺术教育三足鼎立的发展格局，全院同志共同努力，力求把中国艺术研究院办成国内一流、世界知名的艺术研究中心、艺术教育中心和国际艺术交流中心。在这样的发展格局中，我院的学术研究始终保持着生机勃勃的活力，基础性的艺术史论研究和对策性、实用性研究并行不悖。我们看到，在一大批个人的优秀研究成果不断涌现的同时，我院正陆续出版的"中国艺术学大系""中国艺术学博导文库·中国艺术研究院卷"，正在编撰中的"中华文化观念通诠""昆曲艺术大典""中国京剧大典"等一系列集体研究成果，不仅展现出我院作为国家级艺术研究机构的学术自觉，也充分体现出我院领军国内艺术学地位的应有学术贡献。这套"中国艺术研究院学术文库"和拟编选的本套文库离退休著名学者著述部分，正是我院多年艺术学科建设和学术积累的一个集中性展示。

多年来，中国艺术研究院的几代学者积淀起一种自身的学术传统，那就是勇于理论创新，秉持学术自省和理论联系实际的一以贯之的纯粹学术精神。对此，我们既可以从我院老一辈著名学者如张庚、王朝闻、郭汉城、杨荫浏、冯其庸等先生的学术生涯中深切感受，也可以从我院更多的中青年学者中看到这一点。令人十分欣喜的一个现象是我院的学者们从不故步自封，不断着眼于当代文化艺术发展的新问题，不断及时把握相关艺术领域发现的新史料、新文献，不断吸收借鉴学术演进的新观念、新方法，从而不断推出既带有学术群体共性，又体现学者在不同学术领域和不同研究方向上深度理论开掘的独特性。

在构建艺术研究、艺术创作和艺术教育三足鼎立的发展格局基础上，中国艺术研究院的艺术家们，在中国画、油画、书法、篆刻、雕塑、陶艺、版画及当代艺术的创作和文学创作各个方面，都以体现深厚传统和时代特征的创造性，在广阔的题材领域取得了丰硕的成果，这些成果在反映社会生活的深度和广度及艺术探索的独创性等方面，都站在时代前沿的位置而起到对当代文学艺术创作的引领作用。无疑，我院在文学艺术创作领域的活跃，以及近十多年来在非物质文化遗产保护实践方面的开创性，都为我院的学术研究提供了更鲜活的对象和更开阔的视域。而在我院的艺术教育方面，作为被国务院学位委员会批准的全国首家艺术学一级学科单位，十多年来艺术教育长足发展，各专业在校学生已达近千人。教学不仅注重传授知识，注重培养学生认识问题和解决问题的能力，同时更注重治学境界的养成及人文和思想道德的涵养。研究生院教学相长的良好气氛，也进一步促进了我院学术研究思想的活跃。艺术创作、艺术教育与学术研究并行，三者在交融中互为促进，不断向新的高度登攀。

在新的发展时期，中国艺术研究院将不断完善发展的思路和目标，继续培养和汇聚中国一流的学者、艺术家队伍，不断深化改革，实施无漏洞管理和效益管理，努力做到全面协调可持续发展，坚持以人为本，坚持知识创新、学术创新和理论创新，尊重学者、艺术家的学术创新、艺术创新精神，充分调动、发挥他们的聪明才智，在艺术研究领域拿出更多科学的、具有独创性的、充满鲜活生命力和深刻概括力的研究成果；在艺术创作领域推出更多具有思想震撼力和艺术感染力、具有时代标志性和代表性的精品力作；同时，培养更多德才兼备的优秀青年人才，真正把中国艺术研究院办成全国一流、世界知名的艺术研究中心、艺术教育中心和国际艺术交流中心，为中华民族伟大复兴的中国梦的实现和促进我国艺术与学术的发展做出新的贡献。

2014年8月26日

目 录

自　序

徐城北

　　2009年无妄之灾大病一场，之后，体力脑力都大不如前，雄赳赳的出书脚步，几乎是停滞了。这次为艺术研究院的学术文库备书出稿，是件意料之外的事，多少有些兴奋和感激。为艺术研究院的艺术文库遴选书稿，本以为是手到擒来探囊取物的事。毕竟十年已经出了几十本书，选一本合适的本不是难事。但选来选去才发现，不是件易事。原因有三：其一，艺术研究院是我工作了多年并最后退休的地方，对他有一种归属感和情感的寄托。虽然早已经在"三联"、"中华书局"等大牌出版社出过书，但由自己所在的单位给自己出书，是第一次也会是唯一的一次，真是别有一番滋味在心头；其二，以"学术文库"命名，作者又多为术业专攻的知名学者甚至自己敬仰的学长前辈，他们交出的心血之作，分量定是沉甸甸的，我更由衷有一种庄重、敬畏之感。远非最初想的重出旧著的轻易；其三，精心盘点后，才知道自己中意的几本书在前几年都有出版社重出，为免于版权纠葛对自己的单位负责，必须谨慎。

　　我长期工作并活动在戏曲界中，所著书籍以此为多。在中国京剧院工作期间，我有幸多次拜访梅宅，陆续接触到许姬传老人和梅兰芳先生的子女。逐渐在心里树立起梅大师真的、活的、立体的形象。在接连写了不少连载文章之后，1990年，三联书店出版了我的《梅兰芳与二十世纪》一书。之后，1995年再版。更没想到随后若干年经由不同的出版社又重版了数次。我很想将此书交由艺术研究院作为我的学术作品，可无奈查询之后，竟仍在某出版社的版权期内，只好另选。

我在敬访梅宅的同时，也以同样敬仰的态度采访了程砚秋、尚小云、荀慧生三家后人、门生，还对能够代表京剧发展历史的生旦净末丑诸位名家后代、弟子尽可能探访，并向京津沪鄂的京剧团和名伶进行力所能及的求教。尚有余力，也对沪、越、粤、豫、评等等剧种尽了自己的能力普遍的接触。纵向的探索，横向的拓展，开阔了我的视野和思路，使我能既在梅边又在柳边，能站在京剧门里看到京剧门外的山外山天外天。在出版《梅兰芳与二十世纪》之后几年，又写了《梅兰芳百年祭》和《梅兰芳与二十一世纪》，被几家出版社并称为"梅兰芳三部曲"出版。此后我便"自我转业"，投身京城文化的研究，在老皇城的"探幽访古"和新北京的巷陌民风中浸润徜徉十年，再回首梨园，又得《梅兰芳十九章》。

《梅兰芳十九章》是我有关梅兰芳研究的一本最新的旧作，中国城市出版社2008年出版，此后没有再版过，如今我拿这本书呈报给研究院，应该是合适的。我写《梅兰芳十九章》，是借鉴了《古诗十九首》的宗义，但此书毕竟是在"三部曲"之后的拾遗补章之作，且除照片外，文字篇幅仅十万多字。我以《梅兰芳十九章》为底子，又从部分我的有关梅兰芳的作品中抽出部分章节融入此书，计为二十四章。这数字引发我想到晚唐诗人司空图探讨诗歌创作及美学风格的理论著作《二十四诗品》，将诗的风格细分为雄浑、冲淡、纤穠、沉着、缜密、疏野、清奇等二十四种，每种都以十二句四言诗加以说明，不仅形象地概括地描绘出各种诗歌风格的特点，而且从创作的角度深入探讨了各种艺术风格的形成。"诸体毕备，不主一格"。我便有了攀一下"高枝"、"古枝"借鉴其名的念头，此书暂可定名为《梅兰芳二十四章》。字数18万左右。书名虽新，但文章均是旧著中的，想来应还是合乎《学术文库》要求的。

第一章 你从哪里来·我的朋友

今天观众一看这个标题，很有可能会展开熟悉的笑容：这两句是毛阿敏的歌词啊，怎么，梅先生能在1956年就未卜先知？不，当然不会的。但这个问句的文字，却同样可能在梅先生心中萌生。这里的"你"，实际上就是梅先生自己了，他站在上场门延伸出的斜向小道之中，他一直望着小道之外——那里是核心表演区，他似乎能听到舞台下的老观众在向自己发问："梅先生您好啊！此刻的您，是从化妆室来到这个上场门小巷的吗？"

梅兰芳面对如此的发问，他只能在心中微笑："是啊，其实，也不完全是呢……"因为自己的老朋友齐如山先生，早就研究过这个问题。他甚至以《四郎探母·坐宫》为例，回答过演员是从哪里来的问题。齐先生说，演员在幕内时，一直还是自己——演员。甚至包括在幕内叫板、咳嗽等，也依然都是他自己。只有从上场门出来了，等你一直走到台口，等你在台口唱（或念）出第一个字时，这才突然转化成角色。比如杨四郎，在幕内时他就还是老生演员的他自己（或谭鑫培，或余叔岩，或谭富英），只有等一出场，等你一步步走向上场门，你依然还是老生的你自己。直到念出引子"金井锁梧桐"，才在这一刹那变成了杨延辉。梅兰芳当年读过齐如山这本书（《论国剧原理》），也联想过自己这出《贵妃醉酒》，当刚才自己在幕后喊"摆——驾……"的时候，观众在前台一鼓掌——其实那不是给杨玉环鼓的，而是欢迎我梅兰芳。如今我在这条新增加的上场门斜向小道中露身——电影观众将来能看到的——我是这么一步步地走出来的，可我没出声，没唱腔也没念白，于是依然还只能是梅兰芳。只不过我心里却是一点点朝着杨贵妃那个人去靠拢。要一直等我走进核心表演区，等我"海岛冰轮初转腾"一张嘴，那时我立刻就变成杨贵妃杨玉环了。您说，是不是这么个道理？如今，电影中增加了这么个"胡志明小道"，让我多出十多米的走路时间，也让我多出这么多的塑造与进入人物的准备过程。这是好，还是不好？梅兰芳这样自问着，但他没有立刻回答——他需要再思再想。

▲ 梅兰芳演《贵妃醉酒》，饰杨贵妃

梅兰芳即将走出这条斜向小道时，他忽然又想起对面那个下场门。戏曲的上场门与下场门，每出戏都要使用许多次——一次次把一些相关人物从上场这边推上了台，让他们在台上相互遇到，从认识、接触、发展到熟悉或闹了矛盾，有些矛盾尖锐者甚至展开厮杀，最后把这些阶段性的矛盾解决了，才又由下场门退下。往往退下还是暂时的，他们在台后又联合了其他人，然后重新上场，与敌对的方面展开火并，直到最后演变出最终的结局。这样，舞台还是这"一亩三分地"，戏剧人物还是剧团这帮人，他们的服装都出自剧团的戏箱，武器等也出自剧团的行头箱……演员演出前与演出后，还是自己的戏班人，一个没少，一个也没伤着，但就是上蹿下跳折腾饿了，一个个都急着吃夜饭补充能量。演员在上下场之间的这一巡回，造就出多少优美卓绝的舞台场面与舞台技术，给世人（即观众）留下了多少让人不断回忆、咀嚼的戏剧场面……

梅兰芳忽然又想起一个人：中国京剧院的总导演阿甲。自己和他是剧院的同事：自己是院长，他是总导演，都在领导层中，但平时交往不多。自己是不爱说话的人，他也同样不太爱说话，尤其是当着自己，他就很少讲成篇大套的话了。一次，是在剧院小礼堂中，他给地方戏中的人做报告，集中谈戏曲的上场与下场，非常精辟。最后讲完了，他才发现自己一直悄悄坐在最后一排在听。他非常不好意思，上前说："梅院长，不知道您来了，我不该在这儿瞎讲一气……"自己则鼓励说："老符啊，你讲得好。我建议你抓紧整理成文章，让我们好好学一学……"阿甲本名符律衡，是延安过来的大内行。梅兰芳看过他演的《四进士》的宋士杰——嗓子不是最好，但特点是把马派与麒派各自的这出戏给融化在了一起。好在他是票友，同时又是领导层人，演出是偶然的，又不对外卖票，这么演不但不是缺点，反而显现出他大导演的光辉。梅兰芳心说，今天回家后一定给老符打个电话，催促他把那篇谈上下场的文章早点写出来……

据说，梅兰芳回家后还真打了电话，阿甲那边也答应了。阿甲当时正给文化部主办的全国戏曲演员讲习会作报告，他谈到的就是这个问题：

"话剧也讲上下场，但意义和戏曲不同。话剧的上下场在舞台上地位是固定了的；只要不换景，不论角色上下多少次数，仍旧是那个地方，角色没有上场，具体的时间、地点（布景、灯光所规定的）已经独立存在。戏曲舞台则不然，台上如无角色，舞台即不表示有任何地点环境的关系。过去舞台中间常常放一张有桌围的桌子，两张有椅披的椅子，这是一种抽象的舞台摆设，和剧情全然无关。只要演员一出'鬼道门'，具体的地点才开始规定，到演员一下场，这个具体地点又不存在了。"

梅兰芳很称赞这段话，认为把话剧、戏曲区分得很明确。但阿甲觉得还不够，原想仔细修改一下，没想到让其他工作一拖，就进入了"文化大革命"。结果直到"文化大革命"过后的1990年，等他重新担任中国京剧院的名誉院长之后，才有时间重新整理成文：

"以盘旋曲折的方法表现千百里程，甚至天涯海角，但步履不越舞台。正是这个原因，所以'四功五法'中的步法，是最基本的技法。戏曲演员清早练功，足不出舞台，要跑'圆场'数十里。驰马千里，行船百里，发兵塞北，布阵江东，都不可能真向前直走，只能盘旋在舞台之中。大圆场则盘旋驰骋，小圆场则曲折迂回，好像'太极图'运转一样，这是舞台步伐的基本规律。"显然，文字与叙述的清晰度都超过了从前，只可惜梅兰芳没能有机会看到。

作者品评

假使上述文章也有"阴冥版"，假使梅兰芳也看过的话，他会欣然微笑的。中国戏曲的上场门与下场门，实在是非常奥妙神奇的。齐先生在20世纪前期发现了它，而真正展开论述的是在20世纪将近结束之时。梅兰芳不禁喟然长叹：京戏不能只顾唱戏，这些理论问题，也确实需要请行内的高人逐一进行品评啊。当然，梅兰芳是不可能听到文艺后辈毛阿敏的那首歌曲，但歌曲中所蕴含的那种跃动，却同样是能激动人心的。

此章集中谈了两个问题。一是戏曲舞台上场与下场的内涵：虽然没上人时，舞台天幕悬挂一个守旧，舞台前方摆置一桌二椅，但它们什么也不代表，可是观众却从中可得到一种虚拟的审美愉悦。守旧或还可以与既定演员挂上钩，它往往是班主艺术之象征性的代表。在堂会戏上，如果两位旗鼓相当的名家合作，舞台上到底悬挂谁的守旧，反倒成为问题。20世纪前半期在上海，曾举办过一场超豪华的《四郎探母》，其中铁镜公主由梅兰芳一人担任；而四郎呢，则先后由李少春、奚啸伯、谭富英、周信芳、马连良几位"联合主演"。类似的演出还有过几次，有些出奇的是：每次马连良都演最末后"回令"中的四郎。到谢幕时，几位前四郎都已换了便装，唯独马还是戏装，与同样戏装的梅兰芳并肩谢幕。这，或许也是马先生在梨园中身份、资格的一种体现。而这场《四郎探母》的守旧，始终是悬挂梅兰芳承华社的那出名的守旧。大家都是捧梅先生，在这一点上是"没话说"的。

在老京戏中，桌子与椅子是戏班的共同财产，远比不上守旧那样具有象征意义。但无论怎样，只要人物不上台，它们就什么也不代表。等人物借助它们做过了戏，人物下场了，这桌子与椅子又什么都不是了。这样看来，老京戏舞台的守旧桌椅或许有些破旧，但它们代表一个干净的时空。用今天的话说，它们都是"非常环保"的。

二是演员需要自问一声：自身都是从何处来到台上的？比如这个杨贵妃，她又是从哪儿走到自己与皇帝约定的百花亭的呢？只能泛泛回答：她来自后宫，来自她刚才待过的那个地点。再比如《群英会》中的曹操，他又是从哪儿奔赴江南的呢？可以是从皇帝所在的朝廷之上，可以是从塞北驰骋的疆场，还可以是从他带领一般文人吟诵诗词的雅会之地……这样的解释貌似有理，其实仔细思考，又觉得均有欠缺。准确地说，他们都是从"无"中来，进入舞台的一刹那，这"无"就变成为"有"，一旦再返回到后台，"有"又重新演变成"无"。这里说到的"无"，并非空空如也，一点"真格的"也没有。"无"中其实也还是"有"的，但"有"的仅是一些组成人物的元素：如化妆、穿戴、动作、语言、歌唱等最基本的规矩（规范），就像中药铺中抓药的小抽屉，其中这抽屉装的是甲药，另一个装的是乙药，再一个是丙药……不同的抓法就能组合成一个又一个的典型人物。怎么去组合呢？要依据京戏自身的特殊规律。这样来讲，对"无"的解释还需要再加丰富：前边讲的化妆、穿戴、动作、语言、歌唱等，都还属于硬件（或半硬件），而这里的特殊规律则属于软件了。概言之，演员与装扮他（她）的是各种元素，分别集中在后台的时候，前台"无"而后台亦"无"（或言是一种杂乱无章的"有"）。等演员等物质因素集结在前台时，前台倒是"有"了，后台却是"无"了。即使是暂时下场进后台休息的演员，也不能再算是后台之"有"。等戏散了，演员回到后台卸妆，服装重新返回到各个戏箱之中，此外再加上成本（演员的成本是要吃饭发工资。戏装成本是需要晾晒及喷洒酒液消毒）。几年中或经过一代人的努力，戏班及其戏箱又需要做符合时代的更新。这时后台的"无"（或言是那种杂乱无章的"有"），无论硬件与软件都会超过从前。等这些因素被前台的戏进行抽取做重新之组合于前台时，前台戏之"有"，也就大大超过了前一时期该剧目的"有"了。

梅兰芳与齐如山的友情，一直到近年才被大陆的研究者所认可。我对这个问题认识较早，我是在20世纪80年代中期开始研究梅兰芳时，海峡对面就有一位陈纪滢先生给了很大帮助，他把由他操作出版的《齐如山全集》十巨册，先邮寄到香港，然后再从香港转寄到内地，直到最后由邮递员送进我家。这里有第一手的原始材料，齐老先生在海峡那边娓娓道来，语气淳朴，事实俱在，给我的研究以很大的帮助。再一位，就是我们中国京剧院的名誉院长兼总导演阿甲。他身居高位，却没有丝毫的架子。他排新戏时，我给他担任过场记。他排戏时经常是今天一个思路，明天又改了不少。他不断加大戏的容量，最后响

▲ 阿甲在家中打龙舒拳

排时，就又不得不割爱。老先生经常是妙语连珠的，他用诗一样的语言去启迪演员，他为李维康排《恩仇恋》时，就这样启发演员："你演的这个凤妹子，这一会儿是辣椒，过一会儿就变成了蜜糖，你要用花旦的技巧表现她的辣椒一面，又要用青衣中的传统，表现她蜜糖的另一面……"记得在1994年前后，北京举行纪念《红灯记》演出30周年的活动。从中央文化部开始，许多重要的领导人都出席了在人民剧场举行的盛大演出。到谢幕时，许多部长都簇拥着阿甲走上舞台。本来按照级别，阿甲是应该走在最后边的。但考虑到阿甲对这个戏的功绩，大家还是簇拥着他逐一与演员握手。随后，在人民剧场的贵宾休息室中，又举行了小规模的座谈会。与会者都赞颂阿甲如何不容易，但阿甲对这些丝毫不感兴趣，他招呼我到近前来，我就蹲在他的沙发前，听他这样说道："眼前最重要的问题，是总结《红灯记》在音乐上如何运用西乐。但目前使用西乐，还是实用主义的——这儿需要低音，就用大提琴加几个贝斯。那儿需要花哨的旋律了，又用小提琴加点什么……这样做是行不通的，真正起作用的只能是运用好我们的曲牌。西乐进入京剧乐队，要想长久，就需要曲牌化。要想曲牌化，就需要先深入研究原来的老曲牌，等把老曲牌弄清楚了，我们再把西乐乐器拿进来，把它们与中乐乐器逐一比较，最后才可能形成自己的新曲牌……"阿甲是延安老干部中一位非常有情趣的人，他习惯每天早晨去北海五龙亭附近打太极拳，但今天打的，与昨天、前天打的总有区别。别人问他为什么，他则不无骄傲地讲：我打的是龙舒掌，其中汇集了拳术、武功与中国画，此外还有中国诗歌中的名句，是它们给各个段落进行命名……

　　他在家里给我演示了打龙舒拳的姿势，我看着也想着，我想起本文前边他说的那两段话。我想，他说话与打拳时应该是统一的，他进行感性与理性活动时，也应该是统一的。梅兰芳或许会问他："你从哪里来？——我的朋友？"梅兰芳是否也会返回到世纪初期，去问问齐老先生："你从哪里来——我的朋友？"

第二章 摇摆一路而来·怎知声色如许

梅兰芳摇摆着躯体走在"胡志明小道"中，他很镇定，也很惊讶。他环顾两侧的斑斓布景：玉石栏杆、牡丹芍药、亭子小桥，以及想象中一定要有的金鱼大雁、皓月长空……这是"她"的御花园，是"她"平时与皇帝的游戏之所，"她"来过了数百次，如今又一次来了。"她"款款地摇摆着躯体，"她"知道这样的自己很好看：既符合皇帝的眼光，也符合皇家人物走路的规范。

"她"更回忆起，自己最初进入此地时，这里曾有两点不同：一是根本没有这条小道，在舞台的上场门里，拥挤着许多宫女，她们要让演贵妃的演员上前独自喊出一声"摆——驾"，等"她"喊完退后，其他宫女再依次两两出台；二是在前方的表演区中，只有一张桌子两把椅子，桌椅后的天幕上或许还悬挂着一块守旧。等到再后来，桌子上围上了绣着五爪金龙的桌围，椅子上也铺上同样图案的椅披，于是地点就变更为皇家场所。这些措施

▲ 青年梅兰芳

曾让戏迷见一发而知全身，后来更引出巨大的变化：桌子还可以是床铺，是桥梁，

是院墙，是高山，是云端，是阴间的望乡台，是许多莫须有的地方。但在京剧中，每一种莫须有都很能引发审美，都给两手空空的演员以极大的创造性。

梅兰芳轻轻摇摆着，且行走路需要摇摆——有些曲折才美。他更回忆起，自己拍摄电影的这条路，其实早就有了，自己也早就"走着"了，在这样的路上，自己的确曾看到过许多非京剧的风景——它，它们来自西方的电影，那时还是无声而黑白着的……

1920 年，自己才 26 岁，就在上海受一个朋友之邀，拍摄过《春香闹学》与《天女散花》。自己没谈报酬，当然，也没费太大的劲，照着舞台样式一拍，就算完了。他回到北京，次年就接到上海朋友的信，说在电影院中先后看到这两小段片子的播放，各只有几分钟。梅兰芳只可惜自己没看到，想以后找到了再看，可惜后来就一直也没找到。

1923 年，梅兰芳在北京一个朋友家中的空地上搭起台毯，身后又挂好守旧，就拍了《上元夫人》中的一个舞蹈。是美国人来拍的，拍完他们就拿走了，片子最终也不知哪里去了。1924 年，依然在北京，在真光电影院的楼顶，临时搭建了一个拍片场所。梅兰芳一口气拍了五段舞蹈或片段，挺过瘾的。唯独就是《木兰从军》的一段，背景是中国古画般的山岭、树石、营帐、旗帜与弯曲的道路，而自己却要在这样凝固的背景之前，一手拿枪，一手

▲ 梅兰芳演一至四本《木兰从军》戏单

拿马鞭，独自来了一段"走边"，借以表达花木兰的英雄气概。梅兰芳一边要一边在想：自己这么折腾，而背景上那些东西丝毫不动，这观众能看懂吗？他们不会说——背后的景色不动，你一个人在前边要什么呢？同年 10 月，梅兰芳第二次前往日本，他在京都又拍了一段《廉锦枫》中的舞蹈，日本导演照顾得非常好，临走梅兰芳要谢他一笔钱，他不要。但梅兰芳记住了他称赞中国用"翡翠做衬衣上的扣子很美"的话。等四十年后再次访问日本而带去翡翠扣子时，

这位日本导演已经去世多年，梅兰芳把翡翠扣子献在了他的灵前，也算是一点发自心底的纪念。

梅兰芳第一次拍摄有声电影是在 1930 年末的美国纽约，是在 49 号街剧院的舞台上。当晚他们做了例行演出，大轴是梅的《刺虎》，那是很短的一折昆曲，写一个忠心的费宫娥，主子把她赏赐给李自成手下的一个绰号叫"一只虎"的大将。婚宴之后，宫娥趁其酒醉，刺杀了将军。人物也就是他们两个，美国人来拍的是新闻片，先由一位华人女士，介绍梅兰芳的艺术成就，然后就是这出戏的场面，还录了几句昆曲。能从银幕上听到声音，这就是让观众最兴奋的，至于昆曲是否好听，则是第二步的事。

梅兰芳在美国期间，还发现他们的电影人对中国戏剧抱有极为真诚的感情。一位电影导演这样对他说："您所表演的最高尚的东方戏剧，让我们非常兴奋。现在有声电影刚刚出现，它下一步的发展趋势，也越来越像你们东方的戏剧了。你们戏里有说白，有表情，而且想唱的时候，顺乎感情地就唱起来了。这样的表演，恰是我们最喜欢的样式……"梅兰芳也发现，当时正是有声电影进入发展的时期，载歌载舞是最受欢迎的。梅兰芳在美期间，不仅参观了美国如何拍电影，还与美国的电影人产生密切的来往。一切都仿佛是偶然产生的，他先接到一位美国著名演员范朋克的邀请，请他住到自己在洛杉矶的别墅之中，因为房子大，可以请梅兰芳整个的剧团都来。而范朋克由于急事去了英国，所以相关活动由范的夫人（也是位名演员）来安排。于是，梅剧团整个住进了他的别墅，一住就住了二十天。范的夫人引导梅兰芳看电影厂的拍摄，还请梅兰芳看自己如何化妆。梅最后还与范的夫人合影了若干次，梅穿蓝色长袍、黑色马褂（当时中国的标准礼服），对方则是西方的一位古代美人，合影中两人所处年代相差了二百年。梅兰芳除了自己参与这类活动之外，也注意帮助别人进行同类活动，比如著名演员卓别林路过上海时，他曾陪同卓别林去剧场观摩马连良演出的《法门寺》，演出后还陪同卓别林上台与马合影。还说梅兰芳与美国演员范朋克的来往。次年，他来北京访问，梅兰芳事先借了一套很大的住宅请其下榻，还从大饭馆东兴楼要了一桌酒席到家里给对方接风。还在自己宽大的家中，划分出三个场所，欢迎范朋克的到来。仅京剧圈的一些人中，就有杨小楼、余叔岩、程砚秋、尚小云、荀慧生等名伶。范告别前，梅还送给他一套武松的戏装，范学了几个武生动作，很像样，他非常高兴。梅兰芳学着用英语致欢迎词，而范的答词则用中文说。这样的场面也被拍摄成纪录片，直到今天我们还能看到。正是这样富于人情味的活动，更促进了梅兰芳对西方电影的理解。

▲ 梅兰芳（前座）、程砚秋（左）、尚小云（右）合影。

▲ 梅兰芳在《生死恨》中饰韩玉娘化妆照

可以这样认为：20 世纪 30 年代之前的梅兰芳之电影生活，似乎一路顺风，从没遇到什么大的阻碍。然而抗战爆发，梅兰芳先由北京回避到上海，上海沦陷，梅兰芳又到香港。这可以看成是他人生中的大摇摆。此时遇到电影导演费穆，费建议他抓住时机，回到上海再拍摄一部彩色电影。几经研究之后，决定拍摄《生死恨》。电影如何让颜色生动起来，在国际上也还是没能完全解决的难题。但费穆导演、投资方与技术专家，共同经营起一家"联华"影业公司。于是，连同梅兰芳一起，共同投入到这项未有先例的开创性工作中。艰难度过了一年，片子终于从美国洗印归来。大家看了试映，梅兰芳心情非常沉重，因为颜色太差了，该红的地方不红，该蓝的地方不蓝，公开上演也太有损自己的形象了。梅兰芳表示不同意公开发行。后来，通过中间人的调解，说明一旦放弃公映，情况就会严重到使"联华"破产。最后梅兰芳做了让步，同意了公开发行。

▲ 梅兰芳演《游园惊梦》饰杜丽娘，俞振飞饰柳梦梅

这，肯定是梅兰芳兼顾电影活动中最曲折的一笔。摇摆所造成的损失从这个意义上讲，对任何人都是一样的。

时间来到20世纪50年代。1955年，梅兰芳在国内拍摄了《梅兰芳的舞台艺术》（上、下集，包含诸多重要的梅剧或片段）；随后又在1959年，他与俞振飞、言慧珠又合拍了《游园惊梦》，这是昆曲中的经典，几位艺术家通过艰辛合作，最终也完成了任务。新中国成立后这一段，梅兰芳的电影生活中没有发生摇摆。

作者品评

世界上没有直路，过于直的路，往往会引出大麻烦。国画上也说"树无一寸直"，过于直的线条，往往是没有味道也没有力量的。只有适当地"曲"了，才能显现自信，显现功夫，才能赢得最大的主动。曲折生美，这是梅兰芳所信奉的经验。他兼顾电影以来，虽然没出过大的风波，但小的挫折还是不断。从前半段的情况介绍中可以看出，他往往在顺时，其线条也经常是复线。何谓复线呢？一条，是他电影工作的行进线，另一条，就是与其他国家电影工作者的相交线。比如上文介绍过的，他与美国著名武打电影明星范朋克的私人情谊。这里再补充一点：范朋克在洛杉矶的别墅，梅兰芳自己记忆是："背倚万仞绝壁，崖上种着大可数围的棕榈大树，绵延几十里，凭栏一望，面临太平洋，风帆点点，沙鸥飞翔，潮来时，巨涛壁立，好像要涌进屋似的，真是奇观。墙外有小山重翠，丛柳依依，有人在那里钓鱼。别墅里也准备了钓竿，我们就学他也垂钓了一番。"这文字是漂亮的，尽管有可能是别人代笔，但大自然的基本状况就是那样，这是任何文字也无法变更的。梅兰芳关注西方的另一种艺术——电影，但他更关注其中的西方之人，这似乎是他比其他国人更高明也更质朴的地方。此外，梅兰芳还很注重从戏剧观念上与异国戏剧人士进行交流。在苏联，没看过京剧的著名导演，曾这样叙述对中国京剧的整体感觉："四百年来中国戏剧的现实主义，比日本的歌舞伎旧剧要纯粹些，所以它影响苏俄戏剧的潜能更大些。虽然我们之间语言不通，但这不妨碍理解你们的演出……"每当这种时刻，梅兰芳总是非常注意倾听，并注意体会的。

梅兰芳作为那时中国戏剧率先进入西方其他艺术的领班人，他一方面很勇敢，同时又非常谦虚，他能够并善于把异质的艺术统一起来。这是他最大的聪明所在，也是他最大的本事。我想，今天我们学习梅兰芳，不仅仅要学习他的勇敢，更要学习他的聪明，学习他的善于比较，善于与对方交朋友，彼此相互学习。这，似乎才是我们今天最应该学习他的地方。

《牡丹亭》中有这样的文字："不入园林，怎知春色如许？"是的，如果梅兰芳不进入戏曲电影的事业，他也无从知道电影会有什么样的"声"，有什么样的"色"。从无声的黑白片，到后来有声片或彩色片，再到宽银幕与全景电影，梅兰芳站在戏曲事业的巅峰之上，同时又参与进西方电影的发展之中。梨园有比他参与更早的人，如谭鑫培1905年就拍摄了京剧《定军山》的片段，但在梨园中实在无法找出比梅兰芳的参与更深并更广的艺术家。就这个意义上说，如果不入戏曲电影这么多年，又怎知电影那具有无比魅力的声与色，会如此变幻与神奇呢？

第三章 步履稍斜·顺势扭起秧歌

梅兰芳在上场门外的"胡志明小道"上走着，思想没有停闲，注意力集中到太"实"也太"大"的布景之上，它们过于浓艳了。由于这一集中目光，就多少让自己有些出戏，身子与步履也都向一侧倾斜了。他突然意识到这一点，自己前边的宫女都走得很整齐，而自己为什么就倾斜了呢？是自己思想上开了小差。怎么办？梅兰芳对此是有经验的，立刻把身子向反方向扭了扭，于是步伐就又"正"了回来。长期在戏班中生活，使他清楚笔直而能成功的路，实际是没有的。世界上只有不断曲折着的弯路，这很自然，也不必害怕，只要思想上懂得并警惕这一点，就没有什么可怕的了。如果身子向左歪了，你赶忙向右转，再把身子给歪回来，这样不但路线依然很正，同时因为这样一扭，在台下就感觉到更美丽，并更有可看的地方了。这是他梅兰芳积累了多少年而得到的真知。

梅兰芳想起了自己的苦难少年。父亲与伯父相继去世，使他没有机会细细体会家庭的温暖。进出于借住的家庭，他习惯了把眼睛低下，不要给长辈一种觉得自己爱张扬的感觉。结果，这一来患上了一种眼睛会迎风流泪的毛病。自己是唱旦角的，但眼睛却怎么也睁不大。这，岂不是要了命了？后来，

▲ 梅兰芳父亲梅竹芬

（1874-1897）

▲ 梅兰芳伯父梅雨田
（1865-1912）

是有朋友建议自己养鸽子，倒也没花什么钱，就置备了一小群鸽子，自己每天早晨放它们，用一根绑了绿布条的竹竿把鸽子轰上蓝天，自己在四合院中不断摇晃竹竿，鸽子就在蓝天上不断盘旋，一圈又一圈，越来越高，越来越远，自己极尽目力，看着这群鸽子远上重霄，甚至自己希望能把它们的每根羽毛都看得很清楚。能吗？尽量去做就是了。也怪，这样做过了若干回，眼睛迎风流泪的毛病不见了。同时，自己臂膀上的力量，也因为摇动竹竿而加强了。身体强健了，心理也畅通了，回到借住的亲戚家里，也就无须再低眉怕数落了。亲戚们都说自己——因为养鸽子，自己几乎换了一个人。梅兰芳是演员，不论发生什么情况，练功、学艺是一天也不能耽搁的。此外这一时期他又向画家学习，用功非常之勤。这样在几条线上并举，他的忙碌就是可以知道的了。试问他最后的结果是什么，梅兰芳的姑母这样回答许姬传的提问，这位老太太（秦稚芬之妻）在回忆旧事时说："别忙，听我往下再讲：他从十八岁起，也真奇怪，相貌一天比一天好，知识一天比一天开悟。到了二十岁往外，长得更'水灵'了。同时在演技上，也奠定后来的基础了。"真是奇怪，一个在几个方面同时大忙特忙的人，不但有条不紊，反而从精神乃至相貌上都忙出不可预料的结果。

梅兰芳回想起一些学生慨叹学自己的难处——说自己今天演某个戏是使单水袖，到明天还演这个戏的这个片段时，忽然就改了双水袖了。学生说，师傅今天这样，明天又那样了，两样都好看，背后也有各自的道理，可这样一来，叫我们学师傅的哪一种表演好呢？梅兰芳间接听到学生这样的慨叹，他不由得笑了。他回忆过自己在民国四年（1915）的四月到民国五年（1916）的九月——这一共十八个月中的工作情况。在这一时期中，他一直是搭双庆社，时而唱，时而排，一概辗转在四类剧目的排练之上：第一类是穿老戏服装的新戏，如《牢狱鸳鸯》；

▲ 梅兰芳在《一缕麻》中饰林绉芬

第二类是穿时装的新戏，如《宦海潮》、《邓霞姑》、《一缕麻》；第三类是他创造的古装新戏，如《嫦娥奔月》、《黛玉葬花》、《千金一笑》；第四类是昆曲，如《孽海记·思凡》、《牡丹亭·春香闹学》、《西厢记·拷红》、《风筝误·前亲(后亲)》等。他在心里对学生说："孩子们哪，我实在不能跟你们说我(那两种演法)究竟是哪种好，因为它俩各有各的出处，也就各有各的道理。"我那十八个月中，学了(也演了)那么多的戏，往往这个戏从路子上与另一个戏是彼此撞车的，撞车并不可怕，撞过了就贵在消化。

消化好了，你就能获得自由，今天在这种情况下，你想到并且使用了单水袖；等到明天，遇到另一种情况，你又受到刺激或点拨，于是就用了双水袖。你如果仅仅是每天都跟着进后台，在大幕旁边看我怎么样演出，眼睛就盯住我到底是使单水袖还是双水袖，于是就必然产生出这样的感慨，觉得学习太难，学来学去也学不到"真格的"。其实呢，这样的"真格的"是不存在的，它不会万古不变流传于世，它只暂时爆发于某时某地的某次演出中，它一切的优点都是相对的。至于什么才是绝对的呢？我以为，是创造源头处的艺术实践，才具有真正的永恒意义。还说我年轻时那十八个月中超负荷的工作，其中不免有纷乱和重复的东西，但它毕竟对我产生出极大的好处，就是在心里积累了艺术处理的具体感觉——使我以后再创作时，是以这种感觉为上，不是以师傅演戏的某个版本为上。由于是以感觉为上，所以一边演就一边改，感觉是没有尽头的。

现在学生的问题，是缺少学艺初期那种超负荷的劳动。其实光超负荷还不行，更需要自己的主动，不能时时处处听师傅的，你自己得有艺术主见。即使错了也不可怕，今天错了，明天改了不就完了？所以说，我非常怀念从前那样的工作量，在那样多的(学与演)品种中，我曾那样主动地扭秧歌来着。所谓扭秧歌，就免不了要步伐歪斜，往大了说，更难免会出差错。但越是这样，感觉上就越是刻骨铭心，这对后来的进入创作就有极大的好处。越是极大的工作量中扭秧歌，工作量越是大得出奇，艺术品种之样式越是互相抵触，最后自己的艺术感觉，就会变得越发自由跳跃。这些，应该都是由从前美美地扭过极艰难的秧歌而造成。从前确实是很累，甚至是很怕，但时过境迁，累与可怕就转化成今天工作足迹上的摇摆向前。既要摇摆，还要尽可能形成直线。这就是艺术创作态度上的辩证法。

梅兰芳甚至从被动的扭秧歌中，看到了顺利时期也应该主动去扭。扭是动态的，也是永远的，于是就能无往而不胜。如果主动地扭惯了那就能形成良性循环，对观众对同行以及对自己，都应该是有好处的。

作者品评

京剧塑造人物，不是像话剧那样"一步到位"，而经常是"两步到位"的。话剧经过排练，最后正式演出，成功了就是成功了，很少听说演着演着又停下来，二度甚至三度改排，最后又重新上演的。京剧则不同，从前的戏班，尽管有大演员参与，也通常是排出一个"大模样"来，就先演起来再说。等这新戏和观众见了面，观众当然是要喊好的，重要演员总会显现其艺术魅力的。本来这样继续演下去也没什么不可。但奇怪了，主要演员往往会让这个最初始的版本停下来，他组织全体演职员参与进行重排。其中有他本人的部分，其实他在演出中有很大的自主权，早就对初始版本做了这样那样的修改。我这里说的是比较大的变动——剧本的变，声腔的变，舞台调度的变，总之要以导演的眼光，对这出新戏再来一番比较大的变更。京剧从前是没有正式的导演的，而那些积极主动的名演员，他在事实上就兼任起这个导演的职责。今天我们再仔细去看历史上诸多流派的看家本戏，通常都是那位开山的祖师不断用心底的艺术感觉给"磨"出来的，这些优秀的剧目，绝不是"一步到位"，甚至也不是"两步到位"，而恰恰是通过他们辛勤的劳动，"多次"并"多步"才到了位的。

我在2000年出版的《梅兰芳》三部曲之二《梅兰芳百年祭》中，曾探讨过这个问题。我由此引申出四个命题。

一是扭秧歌能够扭出"少·多·少"。这里第一个"少"是指艺术还不成熟时，表演艺术手段的匮乏以及班社财力的匮乏。京剧早期在城乡接合部的打麦场上演出，是艺术上的不成熟，引发出对虚拟手法的重大突破。等京剧进入城市后，并逐渐演变成城市的剧场艺术之后，它表演的手段渐渐"多"了起来，甚至变成了臃肿庞杂。如今，京剧人对自己这样的"多"开始产生警惕之心，于是越是名家，也越发喜欢"变多为少"，最后达到的这个"少"，往往是炉火纯青的同义语。

二是扭秧歌能够扭出"旧·新·旧"。第一个"旧"，是指本门古典的艺术，也可以指表演艺术中的庞杂与不甚讲究的地方。古典艺术往往跟不上时代的进展，这本是常识范围的事，但人们又往往不愿意正面谈它，正面谈及，容易伤害自己的感情。但这个"新"是挡不住的，它往往会很突然也很暴躁地来到欣赏者的面前。于是观众当中产生出大量的隔阂，有人拥护，有人反对。经过这样的一段时间，艺术本身变更了，其中有旧的也有新的，二者开始能够交融起来。等这种交融渐渐平和，于是该艺术门类的又一种阶段重新到来，它又变成了带引号的旧，它与第一阶段的旧，尽管有着类似的特征，但已不是同一个事物了。

三是扭秧歌能够扭出"古·今·古"。一般而言，"一代有一代之艺术"；在大多数情况下，总是当代最流行最时尚的艺术最能得到大多数欣赏者的喜爱。但也有让时尚艺术的粉丝不甚理解的情况：往往一个新过了时代结束，能够留下来的艺术，却时常是前朝（甚至是前几朝）的古典艺术。这是为什么？或许缘由是这样的：上一历史阶段的艺术，本身蕴涵着意识形态上的反叛东西，这些自然被本朝的统治者所鄙弃；而前（几）朝留下的东西，距离本朝的人间烟火已远，再由于"距离产生美"，所以这样的东西就容易走红了。比如今天的昆曲，与明清时的昆曲还是一个东西么？这就很值得我们玩味。

四是扭秧歌能够扭出更新更美的"镵铬"。古典的艺术是靠"镵铬"而生而长的。我曾对艺术前辈袁世海说："您塑造的《红灯记》里的鸠山，身上有不少传统的东西，如果没有它，这个人物就不可能生动。据说，小生名家叶盛兰也曾准备过扮演鸠山，据说他为此也做过大量的准备。可惜的是，后来这个任务落在了您的身上……"鸠山是现代人，但他身上有许多传统的东西，因此京剧塑造他比用话剧更容易，同时京剧中的老演员，也比年轻演员更能理解他并能塑造他。在今天通常的理解上，话剧被认为是"现代的"，而京剧被认为是"古典的"——这样的认识大体可以说是对的吧，但就是不宜绝对化，话剧还要发展，并且会向两极发展，一头是更现代，如孟京辉的许多实验剧；另一头则应该回归古典，近来这样的实验还少了许多，总怕被扣上"倒退"的帽子吧。其实不然，事物总是要由相反相成的两个对立面组成的，话剧如果没有复旧的一面，恐怕也长久不了。最后还回归到京剧之上，京剧的古典性质短期内是不会改变的，只要肯定了这一点，那么就不能脱离"镵铬"。越是老演员，也就越发懂得"镵铬"的重要性，袁世海如果失去了"镵铬"，他手上脚上就都会失去"抓挠"。没有了"抓挠"，他塑造人物就没有了手段，京剧存在于他身上也就没有了意义。

第四章 翠盘艳舞 · "武"对"舞"的促进

狭义广义之分

通常把京剧的表现手段概括为:"唱"、"念"、"做"、"打"。

一些不能或不须"打"的头牌演员,则习惯概括为"唱"、"念"、"做"、"舞"。这里的"舞"是狭义之舞,齐如山在《国剧艺术汇考》中把它归结为四类:"一、形容音乐之舞。每一套乐谱,都有它特别的意义,舞者即把音乐中的意义形容出来。这种舞在周朝极为盛行,孔门中几乎人人能之,到了宋朝就渐渐失传。近二百年来,梆子腔中,偶尔还有一点这样的意思,如《七星庙》等戏便近似,皮黄中不易见了。二、形容心事之舞。这种是把自己心思,或悲或怒或喜或怕等等的情形,完全用舞式表现出来。如《宁武关》周遇吉上场见娘前之身段,都是表现愤怒忧愁之意。凡作这种身段之时,都是一句话白也没有,可是他的动作,观众都能明了,且处处都有音乐随之,文戏用笛或胡琴,武戏则用锣鼓。三、形容做事之舞。此类又可分为两种,一种是零碎的动作,如以曲线表现舞式、美术化的动作等,一种是成片段的,大致是武戏中常见的'起霸'、'趟马'、'走边'、'备马'。四、形容词句之舞。比如《夜奔》唱'新水令'时,唱'按龙泉',则必要用手按剑;唱'血泪',则必须作弹泪状;唱'洒征袍',则用手指袍等等。一切词句,都要用舞式表现出来,且须联成一串,连贯而美观。全剧动作,不要犯重,要有变化。有几次说到剑,就得变化几次,而且浓淡、繁简、单双、斜正、高矮、整散、前后、错综等等,都要安排得宜,又须与腔调呼应,与音乐合拍。"

然而还有一种广义之舞,囊括了狭义之舞,更包含着"唱"、"念"、"做"、"打"一切手段,所以概括为"动——动作"。它是京剧的生命线,它是形成戏剧冲突的根基，它才是第一位重要的东西。由是故，才把"梅之舞"列在第二场之首进行探讨。实现"动——动作"难否？早在唐宋歌舞时代，演员每逢上下毯子之际，就都要格外着力做出优美的"动——动作"。可这与后来京剧梅兰芳所继承并开创的一切，又有本质之别。梅兰芳的历史功绩在于，已经把类型化的感情变成鲜明得绝不可以替代的个性了。为了说明这一点，我们就不得不稍微回溯一下舞在历史上的足迹。

动难，静更不易

京剧中有许多名为"跳"的舞蹈，如《跳加官》《跳判官》《跳灵官》《跳魁星》《跳雷公》《跳煞神》《跳财神》等。查史，得知其中有不少是从唐宋歌舞中承袭衍化而来。

京剧中又有若干名为"堆"的舞蹈，如《游园惊梦》中的《堆花》、《奇冤报》《胡迪骂阎》中的《堆鬼》，《思凡》中的《堆罗汉》，《闹天宫》中的《堆猴》，《天香庆节》中的《堆兔仙》等。查史，这些"堆"舞的年龄明显要晚于"跳"舞许多。

"跳"与"堆"究竟还有哪些不同？表面上看，"跳"强调了动，火爆热烈；而"堆"突出了静，文雅从容。舞蹈的进步是体现在这个由动转静、动静结合的过程之中，似乎可以说，偏重静的"堆"舞要高出偏重动的"跳"舞一筹。"跳"舞通常只用于开场营造气氛，"堆"舞却能进入具体剧情烘托人物。"跳"舞者只是一些能"动——动作"的道具，而"堆"舞者则多少具备了一些类型化的性格，比较接近于人。而且从纯舞蹈本身来说，"跳"只体现了动的难度，而"堆"兼而展示出静的更加不易。从"跳"到"堆"，恰恰反映出舞蹈观的进化和艺术辩证法的进一步丰富。

无独有偶，与"跳"与"堆"之间意蕴成对应的，还有更高层次上的一组对应物——"打"与"对"。

京剧中有许多名为"打"的戏，从《打孟良》《打焦赞》《打督邮》直到《打杠子》《打酒馆》《打銮驾》乃至《打登州》和《打渔杀家》。其中的"打"已明显超越了"跳"的局限，不论是"打"者还是被"打"者，通常都是具体而有性格的人，"打"或"被打"也便成为揭示性格的一个重要手段。

京剧中还有若干名为"对"的戏，《虹霓关》中有一场著名的"对枪"，写的是东方氏为夫报仇披挂上阵，与仇敌王伯党先"打"而后"对"。此戏中的"打"只是比画敷衍，随即"亮（相）"住了的"对"才是要大气力去刻意表现的——当中要对眉眼、撞肩膀以及用语言和歌唱来调试对方……"打"强调的仍然是动，它有所裨益于人物的也仅是或勇猛或沉雄或机智这类"气质"而已。"对"突出的也仍然是静，它很能为全面地描摹人物感情的各个侧面提供足够的契机。我们一方面承认"打"又一次体现了动的难度，而"对"则站在比"一桌二椅"还高的优越地位，同样再一次地展示了静的更加不易。

"武"对"舞"的促进

据考，明朝的戏曲并无真正的武戏。班社中只有文戏演员，并无武生、武旦、武净、武丑这些行当。明传奇中每逢交战场面仅简单注明"战介"的字样，估计交战双方也就是各自执起"可看不可用"的刀枪，比画几个姿势了事。再者，明朝剧本中从无"上下手"这个名词，"上下手"又名"筋斗匠"，也是清朝之后方才出现。

让我们猜测一下，武戏出现之前的戏曲文戏中各类舞蹈（即包括了"唱"、"念"、"做"、"打"）之间应是怎样的形态呢？恐怕只应是一种简单的平衡，一种低水准的协调。"唱"恐怕还是处在极为突出的地位，因为它有元杂剧留下来的传统。"念"的数量不会少，但未必音韵铿锵，未必有鲜明的身段动作配合。至于"做"和"打"，大概只能附属其后了。而清朝排出了诸如《绿牡丹》、《彭公案》、《施公案》的新戏，又吸收了武术（首先是花拳）中的各种交手，这就首先使短打武戏开始成形，并且颇像生活中的实战。至于京剧中的长靠戏，仍然重功架忌勇猛，这一点几乎坚持到清朝末年。自清末民初开始，中国社会被迫"开放"的速度急剧增加，包括外来文艺在内的各种近现代文化向京剧发起了强烈的冲击。其中重要的一点就是促使京剧的节奏加快，反映到武戏上头，不仅短打武生以快制胜成为准则，就连长靠武生当中的许多人，也常常为了赢得彩声而把"功架说"抛到九霄云外。

反映武打的剧目大量涌现，武戏各个行当的分工（联系与区别）逐渐廓清，而武戏的真正成熟则体现在杨小楼"武戏文唱"风格的形成。这对当时的文戏和唱文戏的演员，不能不说是一种严重的挑战！于是，文戏界把"武"化为"舞"，化入了唱念和表演之中，把原先的平衡由简单化成复杂，把原来的协调由低水准提到高水平。"武"潜入本章开头齐如山所归纳的四种具体的"舞"当中，使之更丰富而准确，也使之目的性更强，同时也促使由梅兰芳开始的一批旦行演员，在自己的新戏中创造了若干"舞中舞"——在一个能够促发"动——动作"的氛围之中，凭借某种宜于起舞的道具展开，一番具体的舞蹈。这类"舞中舞"既是整出戏的一个有机部分，一个有利于推进戏剧冲突的有力手段；同时又具有相对的独立性，使这一"块儿"舞（有时还连同歌）常常能够从全剧中"分解"出来独立欣赏。梅兰芳早期创编的这样舞蹈很多，比如绸舞、花镰舞、袖舞、拂尘舞、剑舞、羽舞、盘舞等等，我们有必要选择一个典型进行分析。几番权衡比较，笔者的目光凝注在《太真外传》中的"翠盘艳舞"（即盘舞）之上。

《太真外传》与"进入文化"

《太真外传》能使观众"进入"的"文化"，就是白居易的那一首《长恨歌》。我想这就是梅兰芳决定排演这一需要历时四个"八刻钟"的皇皇巨制的初衷，也是齐如山提纲挈领、草拟剧情及分场，黄秋岳、李师戡等撰写唱词念白时的共同意愿。因此《太真外传》之情节主线，完全以《长恨歌》为依归。所谓编剧，亦不过在其基干上添枝加叶罢了。请读者诸君闭目凝想——《长恨歌》意境之形成，除内容因素之外，还与七言古诗特有的形式（平仄韵每四或六句一转，平仄从不协调中求协调等）紧密相关；而《太真外传》要想体现《长恨歌》中某些千秋警句的意境，恐怕主要得靠"唱"和"舞"两大手段了。唱腔方面，如头本里的反四平，三本里的"杨玉环在殿庭深深拜定"的一段二黄碰板，以及四本里的大段反四平新腔，都是些绕梁三日的绝活儿。其中胡琴的托腔以及小垫头的运用，可以说是严丝合缝，妙到毫端。舞蹈方面，则推头本之"出浴舞"和三本之"翠盘舞"两大"块儿"。这两段舞蹈分别安排在头本和三本的最后一折，从情节需要的角度来看，这两处都是可以（甚至是需要）安排进舞蹈的地方；但是从安排过程中所遇到的情况和采用的办法看，二者就颇不一样了。

"出浴舞"进入了《长恨歌》

一本从杨玉环进宫写起，经过"禄山认舅"，到"太真出浴"做结。"出浴"是《长恨歌》中引人遐思的重要情节之一，白居易给我们留下了这样的诗句："春寒赐浴华清池，温泉水滑洗凝脂。侍儿扶起娇无力，始是新承恩泽时。"要想把这四句诗铺衍成一场戏——而且须是头本的"大轴"，就不仅要在杨玉环的扮相服装及舞台设置上面做出相应安排，更要把"入浴"和"出浴"两段舞蹈精心处理好，使之雅而不俗。

先说"入浴舞"。入浴必得脱衣，所以实际上这就是一段"脱衣舞"。现代西方国家中的"脱衣舞"流行已久，那是欢快和挑逗性的，是要勾起观者的性感。古代的中国则不行，身为贵妃的杨玉环面对同性别的宫娥脱去衣服，也是要羞怯的。她如果晓得暗处还隐藏着唐明皇的一双亮晶晶的眼睛，她的衣服就更难脱了——然而观众晓得唐明皇就在一旁偷窥，观众就要从这一种"难脱"中看到自己渴盼看到、听到和体会到的韵味。这，大约就是这场戏的"核儿"。梅兰芳的处理实在妙极了。她身穿黄缎绣满大牡丹花的帔，下着白绣花彩裙，梳海棠髻古装头，头带大型珠凤，两旁珠饰鬓花，项带钻圈并大小珍珠项链几副，额前有刘海式的散发，腕带翠镯……梅在一声"宫娥们伺候了"之后，胡琴起反二黄倒板，再转垛板，亦即高亭公司唱片内的那段反二黄。由宫娥们服侍着先摘下头上金钗，再脱下凤衣罗裙，且歌且舞，每唱完一句都有一个亮相，也正代表了古代美人脱衣时的撩人姿态。待露出了内穿的浴衣，也正唱到了"不由人羞答答难为情"的时候，梅的面目表情也恰呈现出一种出神入化、难用语言形容的境界。梅然后披上斗篷，步入以纱遮掩的月亮门。我们回顾一下此段每歌一句紧接一个亮相的舞蹈，再对比一下今日西方国家脱衣舞中每脱一件并抛向观者的做法，就不难发觉梅的办法要高明得多，他所用来"撩拨"观者并使其灵魂得到净化和美化的，就是《长恨歌》中的那一派诗情，就是中国的流丽、蕴藉兼而有之的那一种文化。

再说"出浴"时的舞蹈。梅先在幕后唱反四平倒板"脱罢了罗衣温泉来进"，紧接着"春日景"牌子，所用乐器，除了京胡和二胡外，尚有三弦、月琴、撞钟及九音锣等。在这段舞乐声中，太真身着蝉翼纱衣，袖长露手，略似日本和服而腋下不开口（和服因袭唐装，故而相似），腰间袭以纱带，与《天河配》中的织女浴装有所不同，在行动时，腿部不显露于外，同时亦无胸部的绣花饰物。手持巨幅长纱，可围绕周身而有余，这方纱巾即是起舞的道具，于俯仰腾落之间，用以随身掩映，翩若蝴蝶穿花，皎若芙蓉出水。抚肩凝神，如玉雕塑像；回身转睛，似春风杨柳，真

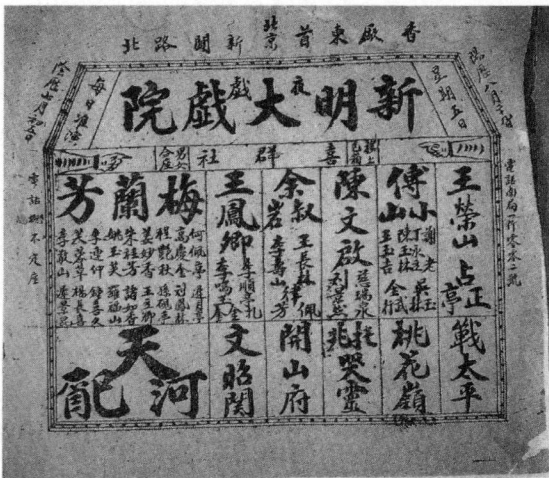

▲ 梅兰芳演大轴《天河配》戏单

个是轻歌曼舞凝丝竹，轻纱过处起云烟。刹那舞毕，观众欣然领略了"回眸一笑百媚生，六宫粉黛无颜色"的境界，于是报以热烈掌声。

在上述这段舞蹈中，我以为特别要注意"在行动时，腿部不显露于外"的舞台提示。因为只要做到这一点，戏本身便有了高下、文野之分。据梨园轶事记载，梅兰芳的祖父梅巧玲，长得细腻白皙，肥硕丰满，又善于忸怩作态，当时便以演风骚戏出名。在《渡银河》中，演"夜半无人私语时"的杨贵妃，能使全场春意盎然；在《盘丝洞》里演那与猪八戒调情的蜘蛛精，玉体半袒，表

情淫荡，曾有文人之笔记录道："盘丝洞一剧，以梅巧玲最擅长……他人所不敢演也。盖是剧，作露体装，非雪白丰肌，不能肖耳。"由此可见，梅巧玲面对自己那个时代的纯男性观众是"作露体装"，通过显示"雪白丰肌"和"衷情淫荡"的手段，达到"肖"（与女人相仿佛）的剧场效果。到了梅兰芳所处时代，他面对已然男女合座的新观众，那么多活脱脱的妙龄女子在前，靠"作露体装"和"表情淫荡"一则不尊重观剧的女性，二来也不可能达到"肖"的结果。同时由于梅剧的观众文化层次偏高的这一特点，也规定了梅兰芳只能也必须采取与祖父完全相反的演法——要使男女合座的观众同时"进入文化"，进入那只可意会不可言传的境界中去。由此可知。"入浴"和"出浴"两段舞蹈是成功的，它改变了第一本中"戏（指通常意义上的情节之起承转合）不足"的被动局面，用蕴藉而又曼妙的舞蹈勾起了观众对于《长恨歌》中有关诗句的遐思，第一本就在这种遐思中悄悄结束。显然，这样的结束比老戏中的大团圆（亦即是一种廉价的"合"）不知要强出多少倍了。

"翠盘艳舞"偏离了《长恨歌》

《长恨歌》中写到唐明皇、杨贵妃曾沉湎歌舞的醉生梦死状态："骊宫高处入青云，仙乐风飘处处闻。缓歌慢舞凝丝竹，尽日君王看不足。渔阳鼙鼓动地来，惊破霓裳羽衣曲。"尤其这"霓裳羽衣曲"，据说也是有舞的，可惜曲既不传，舞更难见矣。然而，四本《太真外传》既以《长恨歌》为主干，于是这《霓裳羽衣舞》就是万万不能减却的。根据情节发展，第三本在"禄山求职"、"七巧盟誓"、"禄山逃走"这三个重要关目之后，下面就应紧接被"渔阳鼙鼓"惊破的"霓裳羽衣舞"了。梅兰芳在策划排演《太真外传》之初，恰也作如是想。梅党重要成员冯耿光在闻悉之后，即以现大洋一千元之代价，为梅购下孔雀翎外褂子一袭，以作羽衣之用，不料在排演此舞时，竟发现了意料之外的巨大困难：雀翎长在鸟儿身上，不但美丽而且可用以随意飞翔；一旦"移植"到演员身上，就难以运用自如，从而也就失去其天然之美，梅曾试舞，结果舞未竟而雀翎却折断数支，同时在旋转飞动之际，又常和旗帜绕在一起，使得梅手忙脚乱，汗流浃背……千金就此虚掷。"霓裳羽衣舞"既已失败，梅兰芳在梅党人员的集思广益之下，决定代之以"翠盘艳舞"，并把这一折置于三本末场。何谓"翠盘"？就是在上场门台前设一高三尺许的翠绿颜色之盘，盘的四周围以绣缎，下垂丝穗，盘心不动，盘边可以自动旋转。一当启幕之时，梅饰的太真就已身披苏绣的孔雀翎子站于翠盘之上，童子站在盘下，将手持之舞旗掷向空中，由贵妃在盘上接取，接住后即亮一姿态，随手又将旗掷还盘下的童子。童子掷旗由一人增至二人，由缓加速；最后，童子增至十六人，彩旗满台飞舞，贵妃随接随掷，双手并开，疾如流星，煞是好看。彩旗有各种不同形状，有方，有圆，有三角，有三叉，有长方，有六角……在传旗飞舞之际，雀翎飘飘欲仙。伴随翠盘转动，此起彼落，上下翻腾。梅站在盘中，若安若危。举手投足，如晓日破云霞；旋转腾身，似流风回霜雪。台下观者，神不守舍，目不暇接，方坠五里雾中，又猛然跃将出来，报以炸锅般的热烈掌声……细观这段舞蹈，虽然穿的依旧是苏绣的孔雀翎子，但毕竟是以翠盘上下的飞速传旗取胜，这就与白居易诗中所讲的"缓歌慢舞"全然不是一回事。梅及梅党人物大约也承认了这一点，所以第三本的末场就一直标作"翠盘艳舞"。

我们今天回顾梅兰芳昔时由"霓裳羽衣舞"改为"翠盘艳舞"的实践，不难得出以下几点体会：第一，梅是在试穿真的孔雀翎褙子并吃了败仗之后，没有仔细地总结经验，便轻易地另辟蹊径，另搞了一个与《长恨歌》不相干的"翠盘舞"，从而丧失了使观众"进入《长恨歌》这一特定文化"的宝贵契机。冯耿光不惜千金为梅购置真"羽衣"，实际上是没弄明白艺术真实与生活真实之间的区别。但这种在求艺术之真的同时也苛求生活之真的倾向，当时并非只存在于梅一人。据传尚小云偶演《四郎探母》中之萧太后，就曾以那一身旗装"乃是慈禧所赐"为号召。我认为，尚小云因为与清王公大臣久有交往，所以他的萧太后"虽然不像芙蓉草要来那么多'事儿'，但也独具一种特殊的'份儿'"！尚小云好就好在这里，至于那身旗装是否宫中原物，就无关紧要了。如果原物与戏装因为在尺寸、质料上的不同而影响了演员的表演，那么宁可采用戏装而不必去奢求原物。第二，梅兰芳虽然放弃"霓裳羽衣舞"而创排"翠盘舞"，但为后者确定的快节奏却是对的。尽管白居易诗中规定了"缓歌慢舞"，但那也是一种生活真实。将之入到戏里，入到第三本的末场，都必须是快节奏的，原因有二：一是好与第一本末折之"出浴舞"的慢节奏形成反差，二是只有在快节奏的舞蹈被突如其来的"渔阳鼙鼓"所打断，才能造成一个陡然的跌宕。我甚至想，如果当初梅兰芳就从苏绣的孔雀翎子生发出一段"霓裳羽衣舞"的话，也不要受白居易"缓歌慢舞"的制约，同样应该是快节奏的才对！第三，以上的两点体会，是在事隔半个多世纪之后的今天，通过或纵或横的比较分析才冷静地得出的。当时的创制，必须在热切的心境下才能实现。既然是热，就顾不了许多，往往一碰到此路不通就另辟蹊径，因为文艺上总会是"条条道路通罗马"的。那时的梅，正处于梅派由创立到完善的丰满时期，英姿勃发，不拘一格，只要是"新"，就不妨一试。他不可能找到一条尽善尽美的捷径，事实上，他走了许多条曲线。正是这许多条曲线，在其艺术探索的坐标系上，却合成为一条相对来说是较少曲折的"直线"。

梅葆玖向"霓裳羽衣舞"正面攻坚

50年代以来，梅、程、荀、尚几家的弟子间或整理演出了各派的"早期名剧"。所谓"整理"，仅是合并场次及删除污秽的语言而已；对于其中的舞蹈以及与舞蹈同时或先后进行的歌唱，则全部保留了。这一来，从观众角度讲，由于武术、杂技的兴起，早期流派剧目舞蹈的难度显然就不够大，也不够新奇了。更主要的是，老一代观众从"戏"中"跳"出一小会儿，通过与剧情若即若离的舞蹈而"进入（中国传统）文化"的做法，也很难被新一代观众所接受。电影、话剧等新兴艺术的繁荣，尤其是斯坦尼戏剧体系对梨园内外的渗透，使得新一代观众完全习惯于从单一的"起承转合"角度去猜度故事，他们很少考虑，也不可能"进入文化"。此外，因为战争和贫困的缘故，新一代观众在传统文化方面的素质也远逊于上一代。与此相反，从流派创始人的角度讲，他们对50年代后的这种变化视而不见，在他们的内心深处，还是这些早期名剧在 20 年代、30 年代风靡一时的动人景象。到了 50 年代，弟子对师父依然是唯唯诺诺的，尽管他们从观众那里察觉出了冷落，但不敢公开对师父讲，更不敢提出修改，他们退却了。如果承认京剧流派在经过了 1979 年"复出"后的短短几年畸形繁荣，又终于跌进了深不可测的低谷的话，那么似乎可以讲——造成今日局面的原因，从 50 年代就已播下种子了。

时间推移到 80 年代后期，这一出《太真外传》又轮到梅葆玖来整理演出了。过去是四本，每本演八刻钟（两小时），葆玖最初从保留原剧唱腔、舞蹈精华出发，准备改为上下两集，每集三小时。换言之，用六小时去完成过去的八小时，这其中主要是删减合并，是量变而非质变。后几经讨论剧本，发觉改编的出发点应变更为杨玉环与李隆基二人的性格发展逻辑——似乎只有这一点，才是新时代观众所密切关注的。同时考虑到新时代观众的时间、精力、收入等方面的因素，葆玖终于决定要从人物出发，只搞一集。一集三小时，显然无法包容过去四本八小时的繁冗歌舞；但"进入文化"的这一早期审美特征，对于梅派的"这一出"戏，却又不是应该绝对排斥的。经比较，觉得应该"进入"的"文化"只应是一个"点"——一个非常典型而又极为生动的"点"：《霓裳羽衣舞》。这个舞自 80 年代初期以来，已被许多地方戏和歌舞剧所表现。其思路和做法是共同的：充分利用现代舞台的先进声光，极尽铺排华贵之能事，场面宏伟，人物却暗淡无光。这大约为葆玖总结出一条经验：光从"外"去渲染是无力的，只有从"内"向深处开掘，恐怕才是正确而唯一的做法，偏偏京戏又是"既打外更打内"的。葆玖决定在一集《太真外传》中，使《霓裳羽衣舞》出现两次——先是在中部（大约是中轴位置）正面表现《霓裳羽衣舞》，就在杨玉环纵情欢宴的当口，被安禄山所策发的"渔阳鼙鼓"，将《霓裳羽衣舞》惊破；再一次是结尾（大轴位置），太上皇李隆基做梦来到天上与太真相会，二人共同回忆起昔时的情爱，太真便主动提出重演一次《霓裳羽衣舞》——这当然仅是"点到为止"，而李隆基则在旁轻轻、缓缓、款款地伴舞。二人因为各有心思，不可能全心全力地起舞，所以表演中越是有点"意到笔不到"的劲头，就越是抓到了根本和极致。

应该说明，这个两次正面表现《霓裳羽衣舞》的决心，是建立在重新结构人物故事的基础之上。尤其第二次再现《霓裳羽衣舞》的"仙会"一折，情节已与梅兰芳当年四本末折的"仙会"颇不相同。当年李隆基之梦魂一寻到太真，玉皇大帝便派天神前来宣旨："念二人情真意切，命其生生世世永为夫妇。"戏也就草草收场。这样的"大团圆"一来廉价，二来又增添封建迷信色彩，显然为今日重排所不取。故而葆玖才决定增加"再现《霓裳羽衣舞》"的情节，从而深化主题。

"倒着排戏"的启示

葆玖的想法既定，排练却从结尾《仙会》一折排起。"戏能够倒着写"——这早已被许多人证明是一条成功的法则。从舞台情况看，这折戏仅太真、李隆基两个人物，排练简便易行。而更重要的原因是：葆玖一向是学他父亲的晚年，甚至可以说，他只看到了父亲的晚年，这就与学父亲中青年时期的李世芳，言慧珠有了明显不同。葆玖只能从自己的实际出发——既然是只看到了父亲晚年（当然，又是极清晰地看到父亲晚年，别人没有自己那样得天独厚的条件），那么就从戏的末场排起！等结尾处的太真逐渐"立"住，再一点点地前推——自己也一点点地摸索中青年时期父亲的艺术风格。

1988年4月于北京，5月于上海，11月于香港，梅葆玖把《太真外传·仙会》一折献给了中国观众。太真手执拂尘，身着道装，当在琼楼仙阙重逢李隆基之梦魂，不禁别情依依，感慨万千。其中的《霓裳羽衣舞》是这样表演的——不紧不慢，又有紧有慢；没有诸如"下腰"、"大跳"之类的高难技巧，但在几次转身或下蹲的"亮相"中，手势、眼神、头的倾斜角度乃至肩、肘、腰、腿全都协同动作，浑然一体；葆玖已大体沉浸在角色情绪之中，基本上处于"自演自"的状态，但那凭借眼角余光向观众的一扫，或者食指、小指向观众的一挑，却能勾起舞台上下的心旌摇荡般的感情交流……葆玖做如是舞——如此简略而又挥洒，如此随意而又浑然，确实出乎我的意料。但戏毕细思，梅派（从梅兰芳到梅葆玖）的《霓裳羽衣舞》本该如此，也只能如此，我曾环顾左右，座中多中老年观众，他们少年时多看过老梅，此夕顾看小梅恰是为着追怀老梅。舞台两侧的条幕上也缀有梅花图饰，这更使上年纪的人想起三四十年代梅剧团绣满梅花的大红守旧……中国的京戏观众，就是带着如此浓郁的思古幽情进入剧场——其中"从正面看戏"的只是少数，他们的文化教养通常较高，是从《长恨歌》、《长生殿》乃至文学史的高度去俯看《太真外传》的；而更多的观众则是"横着看戏"或"倒着看戏"的，他们都是并不仅仅是"戏迷"，他们常常撇开文学史而关注演员史，不仅有从梅兰芳到梅葆玖的纵向比较，还会有横向联想而旁移到梅之《贵妃醉酒》或俞振飞之《迎像哭像》……

梅葆玖这一折《太真外传·仙会》应该说是成功的——运用父亲晚年时艺术的精髓，"点到为止"地正面再现了《霓裳羽衣舞》。对于父亲当年的遗憾与未竟之功来讲，葆玖已成功地完成了一半。至于另一半——在戏的中轴位置正面而铺排地表现《霓裳羽衣舞》，我们将拭目以待葆玖明日的实践。"那一个"《霓裳羽衣舞》，必须用梅中青年时期的艺术手法去创作，是要"既打内更打外"的。这需要葆玖从两方面一点点地向前推导—— 一方面从剧中人杨玉环的性格逻辑出发，将戏倒着写；另一方面要在梅党遗老和新文化人的帮助之下，同时也要在新时代观众"多情而又无情"的刺激之下，逐步摸索把握梅先生中青年时期的艺术风格。这，当然又属于"倒着写戏"了。事实上，梅葆玖先试着改排《仙会》而不是中轴，这种"倒着的"实践已经使他减少了弯路而尝到甜头，他自己的努力只是成功的一半，另一半是因为这种"倒着的"程序符合观众的审美习惯——无论新老观众，印象最深的都是梅晚年的艺术，而在老本《太真外传·仙会》一折中根本没有《霓裳羽衣舞》，使得老观众对今日安设此舞也无从挑剔；而今日《仙会》中的《霓裳羽衣舞》一露面，无论新老观众都会认为"确是老梅的东西"，从而也就或多或少肯定了小梅，俟小梅再逐步向前推导时，所冒的风险势必比径直先排先演中轴位置的《霓裳羽衣舞》要小得多了。"戏可以倒着写、倒着排，乃至倒着演"，足以视为中国戏曲乃至传统文化的创作及欣赏的一条重要规律。

第五章 兰蕙齐芳·姑嫂怎能互换

　　梅兰芳行进在这条斜向的小道上，忽然忆起了幼年，想起了自己的表哥王蕙芳。他一表人才，也是唱旦行的，各方面都不错，从戏码看——他经常摆在中轴偏后，而自己则摆在中轴偏前。他母亲是自己的亲姨妈，心疼我家里条件不好，所以每当给蕙芳制备行头时，也总是同样给自己做一份。梨园的长辈们都看好他，说他将来一定有出息，也勉励我好好学他的样子，将来出息了，也好好报答姨妈栽培的深情。就在前不久，陈老夫子（德霖）开山门收徒弟，有他，有我，还有王瑶卿——他本来大我们半辈的，我本来也准备拜师于瑶卿的。不料他不但不答应，反不要我再来"添乱"。您瞧，如今一起都拜师在陈老夫子门下，今后我还怎么再拜他呢？

　　还说蕙芳。他条件那么好，加上我俩的感情也好，因此瞅准了机会也就合作一出。比如在大堂会上，中轴之前时常会加上一出《樊江关》，这出玩笑戏还有个名字叫《姑嫂英雄》。是写女英雄樊梨花和她的小姑子薛金莲的。明明是最英雄的女性，可小姑子耍小性子，惹恼了当元帅的嫂子樊梨花。小姑子后悔了，

▲ 梅兰芳与王蕙芳（坐）

可嫂子心里的气还没消呢，就成心呕那耍小脾气的小姑子。小姑子没辙了，最后只能赔礼道歉，这姑嫂又重新和好，如同姐妹一般。戏里没怎么唱，也没怎么打，就是逗贫嘴，要求两个演员合作默契，演起来间不容发，风趣盎然。回想小哥俩打算排这出戏时，他妈一高兴，就制备了全副行头，是两人的，"反正是你们小哥俩儿演，个子又几乎一般高，至于谁演谁，那我就不管了……"

这话怎么说？这两人当中真还要"分一分"。虽然不是头牌二牌，但也有个第一第二。樊梨花是兵马大元帅，论地位应该是第一。可小姑子还没出门子，遇事不冷静，喜欢耍些小孩子脾气，用花旦来演是绝对"见好儿"的。所以从演出的实际效果看，演薛金莲容易"见好儿"，合作当中就一般把薛金莲摆前边。至于梅兰芳和表哥合作以来，一直都是表哥演薛金莲，自己来演樊梨花。梅兰芳丝毫没有动过要把两个角色对调的念头。原因很多：表哥成名比自己早，家里比自己有钱，姨妈处处还疼着自己……就凭这三条，表哥永远是哥哥，永远得在自己的前头……至于表哥他，也这样习以为常了，记得拜师时，陈老夫子坐在前排

▲ 梅兰芳（右一）与陈德霖（前）、王瑶卿（右二）、王蕙芳（左二）、姚玉芙（左一）（1914 年）

正中，徒弟一共四个：后排当中的两位，一位是王瑶卿，另一位就是表哥。虽然他个头比自己还矮一点，但习惯了站中间。自己呢，当然无所谓，早就习惯了站边上……

梅兰芳早就习惯了这种排序，更认为三五年都不会再变。可真没想到，这世界真奇怪，好端端的事情，说变也就真变了。在一次大规模的堂会上，戏还没唱，但新的变化就出来了。是一位他们家的亲戚贾四大爷，不知从哪儿做了一块匾额，上边刻了四个大字："兰蕙齐芳"，准备在蕙芳和自己的《樊江关》一完，就叫人给送到台上去。梅兰芳在后台看见了这块匾，心里顿时一"咯噔"！心说："贾四大爷呀，你这是想干什么呀？这'兰'是我梅兰芳，那'蕙'是他王蕙芳。我俩是亲戚，他是哥，我是弟；同时他家富，我家贫，处处还仗着姨妈多周济。素来都是他在前，我在后，可您今天这块匾，为什么就偏要把这样的秩序打破了呢？再说了，您和蕙芳他妈是近亲，您这么一搞，今后还上不上他家的门呢？"

也巧了，正这时蕙芳在后台也看见了这块匾，立刻满脸的不高兴，他耷拉下脸，冲姓贾的可就说了话啦："好啊，好啊，什么时候你也会造起匾额来了？这'兰'是他梅兰芳吧？这'蕙'是我王蕙芳吧？把他搁我前头，我当哥哥的没意见，可你也得问问台下听戏的主儿，问问人家答应不答应……"

贾顿时也把脸一耷拉："好，好！一会儿我还亲自给送到台上去——我冲台下说清楚这'兰'为什么摆前头，而把'蕙'摆后头的道理。你呀你小子，你就等着吧……"

梅兰芳心里很乱，他没有参加这场"政变"，但他亲眼看到了《樊江关》演完了台上的场面：贾四大爷真还就上了台，身边有两人搭着这块匾。他走到台口一站，清了清嗓子，就大声说起来："大家瞧清楚没有？吴大帅送给他俩一块匾，上边写着四个字——'兰蕙齐芳'，是希望他们小哥俩能够长年累月地给咱们'芳'——多给咱们唱好戏！为什么'兰'摆前边，它是平声字；那'蕙'呢，仄声！这四个字一连读——平、仄、平、平！符合音韵！再说了，大家眼睛里也不揉沙子，兰芳的玩意一天天见长，他老演这樊梨花也太委屈了。吴大帅的意思——是从下一场起，让小哥俩的'活儿'换那么一换。让兰芳来这个薛金莲，至于蕙芳你呢？就看你有没有本事接这个樊梨花吧！"

梅兰芳感到天旋地转，怎么也没想到，会有今天的这一幕。他冷眼看去，表哥的脸白一阵红一阵，最后猛地一转身，掉头跑回后台去了……

让梅兰芳不能理解的，是表哥从此与自己生分了，见面也爱答不理的。他从此再没和自己同台唱戏，并且一天天走了下坡路。最后又染上不良嗜好，于是这位英秀的旦行奇才，也就不清不楚地消失了。

梅兰芳到后来才闹明白，是姨妈与那贾四为了一点儿芝麻小事，贾四不服，就拿蕙芳"开刀"。而蕙芳挺大的一个人，就偏偏受不了这个打击，从此一蹶不振，自暴自弃。任凭梅兰芳后来去到姨妈家里，再怎么劝说也都不管事。

梅兰芳也因此感受到一种巨大的孤独。但他暗暗心想：如果自己也遇到类似的事，就一定要挺住呀！

作者品评

梨园有许多"对儿戏"，更有许多独角戏，经常是戏后还有"戏"。给名演员派戏码，更是学问良多。名字上有先后，上场也分先后。处处是埋伏，处处能折腾你。戏班唱戏，头牌蹲底唱大轴，二牌就唱倒数第二，这是千古不变的规矩。但在堂会戏中，派戏的诀窍更多，如果是对儿戏了，让谁跟谁合唱，就成为大学问。甚至连对儿戏舞台上挂谁的守旧，也成为历来的争执之事。因为守旧只能挂一块，而合作又要进行，总有吃亏的一方。总之要想当名角，就不能不在这上头留心，但总在这上头留心，往往就在艺术上分了心，最后艺术上反倒不成了。名角唱戏，又得有彩，又不能太累，最好的办法就是既不累又得有"好儿"。于是这就难了，但学问也跟着来了。记得尚小云跟荀慧生也唱过《樊江关》，很红火，但不能因此就要求梅兰芳与程砚秋也来这么一出。四大名旦曾一起演出过《六五花洞》，他们占了四，那多出来的"二"由谁上，这在从前就不能不是个"问题"。还传说四大名旦一起录制唱片，一人一句，也不用挑拣，梅兰芳要唱就是第一句，于是他唱完了就走。第二句该谁呢？梨园有许多种说法，反正最后都弄得很不愉快。我不转述了，一转述就有态度和立场问题。我怕麻烦，不说了。

老生行中的例子更多，比如《四进士》，马连良也唱，周信芳也唱，各是各的路子，各有各的特长。从纵向上看，它过去是以毛朋为主的，这也很有道理，毛朋等四人都是同科进士，后来就开始分流——其中有遵守道义的，也有贪赃枉法的，结果前者惩治了后者，这个思路就很不错。我们想想，今天那些犯错误的干部，大部分也是通过党校培养出来的。从这个意义上说，他们都是"年兄年弟"。可后来他们也同样分流，有的大施展并大提升，有的则堕落下去，去法院监狱报到了。还说这《四进士》，后来南北二位擅长表演的老生大家，全都看上了这一出，并且都把其中本不是主角的宋士杰提升为一号人物。当然，这么改与怎么演也是"可看的"，但剧本的风格就改了，原本蕴含着的大主题反而削弱了。您想，四个高官之间的串联罪恶，一个小小的刀笔书吏怎能干预？生活中有这样的例子吗？于是我总是想，最原始的《四进士》演出，其中以正义惩治腐败的那部戏，应该是最感染人的。

再比如《群英会·借东凤·华容道》，这是出群戏与大戏，行当很多，但核心又是老生。素来总是要由一个老生挑牌，但他往往又没有一个人物适合从头唱到尾。于是，通常就由他扮演前鲁肃、后孔明，如马连良。马的借东凤唱段很著名，唱过之后戏也就结束，后边的《华容道》也就不要了。可遇到周信芳，他不唱中间的《借东凤》，却要唱前部的鲁肃与后边《华容道》的关羽，因为他唱红生有真功夫。于是当中《借东凤》一折就草草过场，诸葛亮只唱四句散板就下去了，绝对不能让诸葛亮搅自己的戏。在这些情况中，戏只能满足主演的"合适"，而不管剧情发生什么别扭。中国戏曲长期的极端情形，也造成了演出侵害了剧本原理，观众则在热情的欢呼中不顾一切。

真的很难说，这种情况是好还是不好。中国戏曲往往就有这样的机敏与精巧，但漠视剧本，漠视了人生之最基本的常情，从大处就很不合理。在为角儿派戏的问题上，往往能够形成诸多"人与戏斗"或"戏与人折腾"的非常手段。古往今来，在其他国家与民族的戏剧中，还从没看见过如此"精辟"做法的。但话说回来，它又造成了主演表演艺术的畸形繁荣，从"一赶二"、"一赶三"乃至"一赶四"。这当中有很大的区别，"一赶二"的剧本通常有缺欠，没有一个能够贯穿到底的故事，也往往没有公认的第一号人物，但剧本前后各有一个"次主演"。这样一来，头牌演员就一人把俩活儿都兼任起来，这就形成了"一赶二"。举例说，《盗宗卷》是早期京戏的一出双老生的戏，早期老生雷喜福两个人物都能演，于是有人把他扮演的两个人物影印在一张照片上。但事实在剧场里，他是无法在一场戏中分身的。再如《群英会》前半部鲁肃的戏重，后半部诸葛亮的戏多。经常是两位老生一人演一个。等到马连良成了大名，于是他就"前鲁肃、后诸葛"着"一赶二"演起来。于是，喜欢看马派戏的观众也都习惯了。但作为学马派的青年演员，要想也这么演，却不太容易一步到位——比如在"草船借箭"一折，马派的鲁肃是戴黑满的（胡须没有中间的缝隙），而其他流派的鲁肃则戴黑三(胡须分为三绺)。当马派的青年主演指责其他演员的穿戴不规矩，对方则用"(我的)老师没教过哇"这样的话来进行反驳。丁聪先生的漫画就形象地表达了这一矛盾。再说，在《群英会·借东风·华容道》这样的大戏中，马连良的"一赶二"是"前鲁肃"+"后诸葛"，戏就演完《借东风》结束。周信芳也演过这戏，他的"一赶二"则是"前鲁肃"+"后关羽"，中间的"借东风"则草草带过，只让扮演诸葛的二路老生登台祭风时唱四句散板就算完事，这样好让观众集中精力看他后边主演的《华荣道》。至于"一赶三"，往往产生于更大更长也更散的戏中，头牌演员在开头、中部与

▲ 丁聪漫画——一赶三

后部各"认（担任）"一角，说是"赶"了三，其实能演好二就不容易。而"一赶四"则完全是恶性发展，不但不能提倡，而应该杜绝。当然，我也承认京戏这"玩意儿"的早期，时常在先天不合理的大背景下，演员通过创造性的劳动，显露出浓郁的东方智慧。总之在今天，一个问题严峻摆在了我们面前：京剧（或更绝对说，应该是京戏），它到底是什么？要让它流传于后世，就要先弄清它本质的功能，它究竟能够是什么，以及应该是什么。把这个问题弄清楚了，我们再于实践中去打造去锤炼，目的与手段就都清楚了，而且也容易事半功倍了。

第六章 汾河湾·开弓第一箭

《汾河湾》是 20 世纪初期京剧舞台常见的一折生旦对儿戏。戏不大，故事与《桑园会》、《武家坡》差不多：都是丈夫从军回来，遇到分别多年的妻子，刚要欢喜，却又怕她不忠于自己，于是就地展开调戏——目的是实地测试一下妻子的贞节。如是，将她认下；如不是，则把她一剑杀死。从这个意义上看，这些戏的现代意义实际不是很大了。但 20 世纪初则不同，一夫多妻制度普遍存在，男性对于女性的"主导性"还存在着，所以这出戏因此也就久演不衰。许多老生、青衣演员也刻意去琢磨这三出戏的细微不同，从而避免把它们演成"一道汤"。

《汾河湾》中男主人叫薛仁贵，女主人叫柳迎春。梅兰芳也不是特别喜欢这出戏，但现实如此，许多前辈老生都一再约自己同台，自己又如何拒绝呢？为什么梅兰芳不与同辈老生合作？回答是现实中那些前辈的青衣演员也突然衰减，于是时势造英雄——梅兰芳就只有"顶着上"了。比如师傅陈德霖尽管嗓子依然很好，但扮相就太对不起观众了。还有介乎同辈与父辈之间的王瑶卿，四十二岁突然"塌中"，嗓音一字不出，于是也只好息影舞台，专心在家课徒了。

话说这天，梅兰芳要与爷爷辈的谭鑫培同台演《汾河湾》，梅兰芳早早地来到后台，并化好了妆，就希望等"谭爷爷"也来到后台，想在演出之前与他"说上两句"。什么是"说上两句"？换言之，就是有下情回禀。原来，梅兰芳从前与叔叔大爷辈分的老生经常唱这出戏，大约就在一周之前，还在堂会演过一次。不料，那天台下坐着一位不寻常的客人，他不是北京人，却又非常懂戏。他去过欧洲，看过西方的许多戏；他生在河北，在高阳这样的戏曲故乡，看过并琢磨过许多剧中的"土戏"。他从不与艺人（特别是男旦）来往，而看戏又特别较真。他看完那天的《汾河湾》，就给梅兰芳写来一封三千多字的长信。信中说——您演得很好，没什么不对处；但仔细想想，却又有天大的不对了。比如第二场一开始，您从外边跑进寒窑，用把椅子把窑门一挡，意思是窑门我关住了，看你乱说话的外人还怎么进来？接着在窑外，"外人"薛仁贵追到窑前，发现窑门已关，长叹一声，叫板，开始述说着演唱起来。他刚才调戏你时，自称是你分别十八年的丈夫，你不信并且不依从他，这很对。哪儿有一上来就冒认是人家丈夫的呢？此刻他演唱了，实际是向你述说分手十八年的那些往事，那些只有你们小夫妻才知道的往事。你在窑门之内，当然得注意听，你在寒窑守了他十八年，不就为了有一天与丈夫重逢吗？于是，他在外面每唱一句，你就得在窑内"细听一句"。什么叫"细听一句"呢？你怎么让观众也知道你细听了呢？办法只有一个，就是在胡琴过门进行之中，你得悄悄地做身段，而且这身段得越来越大。等"外人"的这段唱完了，你的心迹也必须表达完成。这样，后边你才能毅然打开窑门，出去欢迎丈夫归来，戏也才能向下继续进展……

梅兰芳掂量着这封信，许久没说话。信是毛笔写的，三千多字，他自己署名齐如山。梅兰芳仔细回想，台下是有这个人，他有三十几岁吧，瘦高个儿，有两撇小胡须，是个很有文墨的观者。人家与自己不认识，却写来这样的长信，这是看得起自己，更看重京戏这玩意儿，希望它能更好。而且，他信中所说的，桩桩件件都是实情，自己该怎么向人家表示呢？人家肯定家里不错，人家愿意认识自己这样一个"唱戏的"吗？梅兰芳犹豫着，没有立刻回信。但不巧的是，他隔三岔五着不断又写信来，他习惯每看自己一出戏，必于当夜写成一信，然后再设法把信交到自己手中……怎么办，怎么办，怎么办？梅兰芳老想着怎么办？可一直也没把自己的心思告诉给对方，可日子就到了与谭老板合唱《汾河湾》的这天。

谭老板真是让意外事情给耽搁了，很晚才进入后台，一进来就忙着洗脸，化妆。梅兰芳赶上前，想说些什么，可没能容自己说出来，谭老板却错会了意："兰芳啊，我来晚了，你什么也甭说了。我知道你是好孩子，一会儿到了台上，保证错不了。咱俩事先也没碰过……不过不碍事，到了台上你撒开演就是了，我一切跟着你，不就行了吗？"这一说，梅兰芳只能退了回来，默默背起自己的戏……他背着戏，但心里并不安生。原因是他把一些老的规矩给改了。齐先生不是说——女主人柳迎春进入寒窑之后，不能不注意听窑外的歌唱吗？齐先生不是建议自己在过门的间断中，也插入一些表演吗？这话是对的，自己也照着这样做了。就在今天之前，自己也曾在与其他老生合作的《汾河湾》中，尝试着这样插入了表演。结果，大受台底下的欢迎，那是越来越疯狂的鼓掌啊。自己从中也受到了鼓励，决定今晚在跟谭老板的合作中也试上一试——这，就是自己的心思，就是一直定不下心的真正原因。

话分两头，各表一枝。且说谭老板那里，也奇怪兰芳这孩子今天有些离奇：他一定要跟我说话，究竟是想说些什么呢？且说上台之后，一直演到了第二场，等谭老板登台，一切如旧，全都正常。兰芳独自在窑里，他薛仁贵在窑外——于是，谭老板开始了演唱，从小导板"家住绛州县龙门"开始，然后一句一句地，差不多句句都有观众的掌声。谭几乎是闭着眼睛唱，他实在是太熟悉了，他知道哪儿应该有好儿，哪儿不应该或"不求"有好儿。这些有好儿与没好儿的地方，是老辈子就流传下来的，是万古变化不了的。然而，然而今天就奇怪了，我第三句也没有使腔儿，这儿原本是不求有好儿的地方，可为什么观众兴奋起来了呢？——有些反常。隔过去几句之后，又到了一个单句的结尾，又是不应该有好儿的地方,结果观众兴奋得比刚才还厉害！谭老板不得不睁眼偷看了一下，这才发现观众是给正在过门中做戏的兰芳喊好儿呢？偷眼再望，兰芳有条不紊地做着动作，都是柳迎春听了窑外的唱后的反应，是惊讶，是怀疑，最终应该是肯定……是谁让兰芳这么演的呢？肯定他背后有高人……谭老板这么寻思着，过门完了，马上又该自己唱了，于是急忙调整情绪，戏才完整地向下延续……

台底下看戏的观众，也无不为梅兰芳担着心。他们知道谭老板最反对后辈不跟自己先打招呼，就在台上胡来。如果真的这样，他肯定不饶这个后辈，就在台上给他来个下不来台。以往，这样的事情也不知发生过多少次了。观众知道，今天的这场戏，实际是对梅兰芳的一次考试。此前梅兰芳在胡琴过门里加身段，跟别的老生同台了多少次，可以；如今是跟谭老板同台，究竟谭老板"认"或"不认"，那还很难说。谭老板"认"了，说明梅兰芳"成"了；如果谭不"认"，那就说明梅兰芳（至少是这回）是"栽"了。您梅兰芳还是小孩子，下回您还得重新来……

散戏时，梅兰芳小心上前搀着谭，谭也回过头来仔细看着梅，并且连连说了几个"不错，不错……"在外人眼中，应该都有些奇怪，他梅兰芳是您一手提携着走到今天的，他就是不错吗，要不您怎么会一再提携他呢？

送走了谭，梅兰芳这才心底暗暗庆幸：今晚的确是不错，自己变革了的一切，都已安然过了谭老板这一关！过了这一关，也就过了北京城所有的关——您信不信吧，等不到明天天亮，全北京的各个票房之中，关于今天晚上我陪谭唱的这出《汾河湾》安然过关的事，马上就会传遍……

等梅兰芳自己卸完装，也洗净了脸，忽然，他觉出额头又出了汗！他自己都奇了，自己唱戏唱了这些年，练就的一种本事，就是在不该出汗的时候，身上脸上都不许出一点点的汗！可今天，或严格说是今夜，自己洗完脸却又出了汗，这是非常反常的事。为什么？为什么？究竟是为什么呢？

梅兰芳一连问了自己三个"为什么"。他忽然明白了，今晚对于自己实在是太重要了。自己今天晚上冒险做的事，无异于战场上的开弓放箭。古代的将军大侠，要会开弓放箭，那是向着敌人，那是遵守军令或更高的道义。可我今天是向谁？是向老戏班中的一些老规矩。如果幸好成了的话，算我走运；如果不成，那我可就彻底栽了。梅兰芳想起《群英会》中蒋干盗书后的连连拭汗，也学着连说了一声"好险"。

作者品评

当我开始拟定第五、第六、第七这三章的标题时①，脑海中忽然浮现出谭富

---

① 指原文《梅兰芳十九章》中第五、第六、第七章。

英在《定军山》中的嘹亮歌声："头通鼓，战饭造；二通鼓，紧战袍；三通鼓，刀出鞘；四通鼓，把兵交……"唱词中嵌入了数字，是京剧的习用手法。这三章我要说明的，无非是梅兰芳前半生恰如其分地运用三次文化冲突的理念，让自己在三十七岁之前，就达到人生的最高的巅峰。于是，我才仔细推敲，拟定了目前的目录文字。

还说这"开弓第一箭"。本来此章讲的是梅兰芳如何身处北京这个北派京剧的大本营中的遭遇与奋斗。本来，北方梨园是最讲规矩的，梅兰芳也不例外。他幼年失去了父亲，经常寄居在亲友家中，一举一动往往要看亲友长辈的眼色，所以他从一开始就不是那种"胆大妄为"之人；但梅兰芳从本质上又属于勤奋认真并认定要"笨鸟先飞"的人，他异乎寻常地努力，准确地利用了外界赐予他的绝好机遇，终于把握了文化上的三次冲突，致使他在三十七岁时，就前无古人地攀登上梨园的最高峰。基于这样的认识，我才拟定了第五章的标题，并且自认为"开弓第一箭"的形容词用在青衣演员身上，还算是"可以的"。

这一章的意义与价值，其实就是描写了齐如山如何进入了梅兰芳的艺术生活。这实在是非常重要的一笔。在那个时代，齐如山本属文人圈的一员，他能主动写信给梅，应该说是非常不容易的。因为那个时代，京剧艺人的社会地位很低，其中尤其容易引起诟病的，就是扮演旦行的男性们。他们时常为高身份的文人所不齿，一方面愿意看他们的戏，同时在台下又像躲瘟疫般躲着他们。但齐如山这个人的确有其特殊性。他有着传统戏曲很好很深的底子，同时又出国游历过诸多欧洲国家。这二者相反相成或相辅相成，就造就他首先向梅兰芳伸出援手的行动。这寄信的举动是非常不一般的。他连续写了一百多封信，最后才决定与梅见面，还特地到梅家中探察了一番。最后，他实在觉得没问题了，于是这才主动与梅兰芳纠葛在一起，帮助梅兰芳一干就做了十多年。他帮梅兰芳改(或写)本子，帮梅兰芳排演昆曲，他居然也穿上戏装，一招一式地"与梅共舞"。到美国之前，他预先写过几本介绍京剧的小册子，请人翻译后进行印刷，最后带到美国，对梅兰芳艺术的普及，确实起到很重要的作用。在梅兰芳身边，类似齐先生这样的人还有许多，他们从各个方面启发梅，为他及时登上中国京剧的最高峰，确实起到了至关重要的作用。前期的齐如山，后期的许姬传，这些较高层次文人组成的智囊团，的确在中国京剧史上是空前的。智囊团的阵容之强之高，都让其他流派相形见绌。齐如山的介入，说明了一个道理：梅兰芳之所以能在中国近代崛起，与文人圈对他的启迪，帮助有重要的关系。除了梅兰芳，另如程砚秋身边，也有类似的智囊团，其阵容也是不能轻视的。对比之下，四大名旦中的另两位，身边虽然也有人辅佐，但文化层次上就输了不少，因此后二位与前二位在艺术层次上的差异，实质是智囊团自身文化层次上的差异所致。智囊团对梅兰芳、程砚秋的帮助，集中表现在他二人的观众群的层次之上。看梅兰芳与程砚秋戏的人，究竟都是些什么人？显然，与后两家是有些差异的，正是这些差异，与前二位的表演风格互相作用，最后就形成了前二位特殊的历史地位。

这智囊团的工作体制，应该是今天乃至今后也非常重要的。凡是能成大事者，这种体制都是大家获得成功的必要条件。那么，现在就有一个问题需要讨论：它应该如何形成？换言之，是由哪一方更主动？甚至应该把话说得再"白"一些：在这样长期的合作中，应该谁养谁？回顾过去，当然是梅兰芳"养"自己的智囊，而且一养就是一辈子，一养就是若干个家族。作为智囊方面，他们也不完全是消极的，以齐如山讲，他自己开有面粉厂，萧长华与他开玩笑时都说："我们家一直吃您厂子的面粉……"齐如山如果不傍梅兰芳，他自己生活完全"够"；但就有一点，他是先迷上了梅，从此也就放不开梅了。

今天在许多电影大导演的中国班子里，往往就有这样的智囊团。从选题开始，甚至从他们日常的文化接触开始，智囊对大导演的辅助就渗透了进来。他们对大导演的辅助往往是互相的：没有这样的班子，导演根本没办法干活，往往需要有班子中的某个人或某几个人，或单独或联合向着某个专题探讨，遇到了选题就进行可操作性分析，如果得体，就不排斥进入，等理论上进入了，随后的立项也就成为现实。对比电影界的现实，梨园的动作太小也太羞羞答答了。许多名演员没有自己的操作班子，换言之，没有对自己忠心的私人，他所遇到的同样是干巴巴、硬邦邦的行政领导，尽管自己在业务上是个大人物，但对于拿下一个从无到有的崭新课题，他依然是一筹莫展。这，就是我们的处境。那么，随之相伴的还是一个问题：养班子养智囊的钱从哪里来？是从大导演的私囊中取吗？否！它应该形成一种公认的机制，一种可行的制度。社会上要承认，国家也要默许。一切有规则，要能灵便地运转。等到这一步如行云流水般来到眼前，大作品，大人物，如此种种的大，也就水到渠成了。

写到这里，所谓"开弓第一箭"也就顺利完成。俗话说，开弓就没有回头箭，梅兰芳后续的工作就需要离开北京，而在新的地方进行了。他幼年生长在北京，他喜欢北京的一草一木，更甭说大大小小，形形色色的人物了。但是，京戏不能只是北京的京戏，比如在上海，那可是举足轻重的大码头啊。他心中只能默默地与北京风物告别，说一声"我还会回来的呀……"

第七章 究竟是谁跟谁·二箭亦得胜

　　梅兰芳算是遇到了北京与上海相互往来的好时候。在他之前，北京的京剧名家是不大去上海的。一是看不起上海那个地方，去了也未必能挣到多少钱。比如梅兰芳爷爷辈的谭鑫培，平生六下上海，但从不跟上海文艺界人来往。为什么呢？原因也简单：看不起。我从北京下来了，下到你上海了，为的就是唱戏：我待在住的地方不动，要唱戏的时候你接我到戏园子，当然，我还是好好地唱，我得对得起我那张戏票的钱，我得对得起买票看我的那些人。除此之外，其他的事就与我无关了，我不需要再认识上海滩上的任何人。唱完戏，我拿着自己挣来的包银，就跟接我来的戏园子说"拜拜"了。我回我的北京了，要是没旁的事，我跟您也"拜拜"了。当然，我暗自心里想：您这儿缺不了我，过一两年，这儿的戏迷会想我，而且会越想越厉害，于是您就又得派人进北京，再找我南下唱戏了。如果有这事，我也不反对，咱们再坐下来谈公事（我一场拿多少，我带去的琴师、鼓师什么的，他们又分别拿多少……）但我还是老脾气，来了上海还是待在饭店里，要唱戏就直接进戏园子，至于别的好玩的地方以及有好吃的馆子，那些都与我无关。

　　其实也不能怪谭鑫培，他到上海时已到中年，京剧在北京大兴特兴，而上海的京剧还远不成熟。而他这位被北京戏迷捧成"伶界大王"的人，自然是南"下"了——他确实是"下"，您得从底下仰望他。你如果听不懂他，那完全是你的问题了。反正戏院老板心明眼亮，他大老远地请了谭大老板，并开出这价钱，自己肯定还是有赚头的，自己是不会做赔钱买卖的。对比之下，梅兰芳就完全不同。他 20 世纪 10 年代中期到上海时，第一，这是他第一次来，并且不是头牌，真正的头牌是老生。等第二次再来，他才成为真正的头牌。第二，等梅兰芳来时，上海的京剧业已成了气候，"海派京剧"已成了既定名词，不管北边的人怎么看吧，反正我上海还是有号召力的。你们在北京成了名的演员，也不管你们在北京有多么狂，但一提来上海演戏，却一个个都有兴趣！为什么？咱上海有钱啊，先跟你定包银，一包一个月，三十天让你唱三十六场，那多出来的六场，算是你送给戏园子老板的。这么办其实您不吃亏，想想在北方您一场戏挣多少钱？您同样的一场戏，在上海就能多出许多倍！为什么，咱上海就是观众多，您只要唱得好，您可以多少天不翻头！当然，您自己不乐意我们也不勉强。但这样的美事，在全国别的地方是没有的。您从小学戏唱戏在北方，而到上海跑一趟，您就能大红大紫，您再回到北京，您的名声比没来时又要翻高多少倍了。

1912 年，也就是梅兰芳二十岁时，他第一次来上海，挂头牌的是老生王凤卿。人家对自己真不错，曾一再要自己与他交换着唱大轴。实验了一两回，梅兰芳还真有人缘，上海人"认"他。后来等民国三年 (1914) 梅兰芳再来上海时，戏院老板就让梅兰芳挂头牌了。梅兰芳到了之后，就在戏院老板的接风宴会上，认识了戏院里的基本演员中的花旦赵君玉。赵与梅同年出生，各方面条件都很优越，艺术上主要追随南派四大名旦之首的冯子和，赵会的戏还真多。梅兰芳与赵君玉在宴会上相遇，同席的人真觉得他俩是"一对玉人"。戏院老板就动了让他俩合作一出的意思。后来，这合作就确定为演出《五花洞》，由赵扮演真潘金莲，由梅兰芳扮演假潘金莲。随后，赵就到梅住的饭店找梅对戏。梅兰芳上次来上海时，赵还在陪冯子和演小生。他实在是大能人，从前还唱过花脸呢。今年算是初改花旦了。一见面，赵就讲："这出戏里两人的唱腔得一样的。您先把您的腔给我哼两遍；到台上我随着您的腔唱，就不会碰了。"梅兰芳以为很对，就把自己的腔儿哼了两遍，赵完全记下。梅兰芳又对赵说："等真到了台上，那时就得我跟着您了，因为您是真潘金莲，我是假的，假的就只能跟着真的去表演了……"两人言笑甚欢。

这一番"谁跟谁"的谈话，其实是大有深意的。就一般而言，梅兰芳是北方来的大名家，南派的演员必须处处跟着。当然，这出《五花洞》又是特例，剧中南派演员演真潘金莲，而北方大名家却要充当假的。大的艺术背景与具体的戏中情景恰好是相反的，这种矛盾又在他俩的玩笑之中变得十分分明。

作者品评

梅兰芳在 20 世纪 10 年代多次去上海演出，接触上海各方面的人物与艺术都越来越深入。但在第二次去上海与赵君玉的接触、磨合，却带有最本质的意义。梅曾在《舞台生活四十年》第一集中谈到第一次去上海的情景——以王凤卿为头牌，自己为二牌。王的包银为每月 3200 大洋，自己每月则为 1800 大洋。这个数字还是王凤卿一再向上海方面提议才最后争取到的。第一次去上海，梅兰芳并没有与上海方面的演员过多接触，因为他认真与同去的北方演员磨合，尽量做到不出一点差错。他事实上做到了，并且得到上海观众的认可。等第二次再去，就发生了前文所说的合作一幕。正是在这个"究竟谁跟谁"的问题上，梅兰芳理解准确并且善于团结南方朋友，所以才既做到戏上的精彩，同时也达到了戏外的团结。

梅兰芳所遇到的这位赵君玉，绝对不能小看。京剧百科全书上有他一个不短的条目：

工青衣，名云麟，原籍安徽，生于上海。为名鼓师赵松寿之孙，武生赵小廉之子，最初学花脸，艺名大大奎官，改喜小生、武生后，始名君玉。长期为冯子和配演小生，对冯的唱念与做工有较深的体会。一次给谭鑫培配演《珠帘寨》中的二皇娘，颇为谭赏识。后又与谭合演《汾河湾》、《御碑亭》等剧。1914 年与梅兰芳合演《五花洞》之后，声名大噪。赵天资聪明，扮相秀丽。在谭鑫培、夏月珊、冯子和、梅兰芳、欧阳予倩等名家教导、影响下，在演技上颇多建树。几次赴京献艺，都载誉而归，成为南派旦角中的突出人物。特点是朴素大方，细致而不琐碎，文武兼备，唱念俱佳，善于刻画不同时代、不同性格的青年妇女。他的武功特佳。刀马戏更有独到之处。他的时装戏，在上海风靡一时。1922 年在新舞台演出《阎瑞生》，连满八十余场，动作表情充满生活气息。中年之后，生活凄惨。抗战后期，病死于云南。

如条目中所说，他也如梅兰芳那样陪同谭鑫培演出生旦"对儿戏"，且同样得到谭的赏识。但他最后的结局有些凄惨，没能如梅兰芳那样陡然崛起而大红大紫。这似乎就证明了一条真理：人各有命，不能计较得过分认真。明明是一个天分非常出色的青年，如果后天的遭遇再好些，那么他与梅兰芳之间就有得一搏，最后谁输谁赢，还都不太敢说。我们这样评量北京、上海两位同年龄的演员，不禁心中充满了感慨：个人的奋斗固然是重要的，但更加重要的似乎是机遇与若干偶然的因素。梅兰芳能够不失时机把握住它，这实在是百里挑一的范例。生活中有更多的人，是尽到了"人事"之苦，但最终却没能赢得胜利结局。纵观梨园各个行当的成功者，大多是侥幸中的侥幸。其他人多是一头栽倒在泥沼之中，时常就不能自拔出来。真弄不懂梅兰芳何以那么万幸，灾难怎么也没能降临到他头上，许多时候从外界环境看，本来是他应该倒霉的。但搞不懂的是，梅兰芳也似乎没怎么刻意发力，那危险就突然化险为夷了。

梅兰芳到了上海，其恶势力没有扼杀他，相反，恶势力中的一些头面人物，还赶上前欢迎梅兰芳。梅兰芳在上海演戏，无须事前先去拜会三大亨，倒是那些地痞流氓，反倒从不敢到戏园子里来捣乱。他们知道，梅兰芳是场面上的大红人，谁惹了他，地面上的大人物是饶不过鲁莽的闯祸者的。大概也就是这样，梅兰芳躲开了一个又一个的风险，他就顺风顺水地奔赴向前了。

尽管这样大而化之讲过，梅兰芳还从上海滩发现了许多北方没有的好东西。他主动从积极方面去认识海派文化，还向许多海派画家请教。著名上海画家吴昌硕就主动赠画给梅兰芳，梅还广泛接触上海报界人物，为以后再赴上海演出铺平道路。他看了不少上海的京剧与话剧。注意到上海京剧在化妆上采用描黑眼圈的方法：眼睛小的演员尽量往大画，而眼睛大的人可以尽量往小画。此外还有旦行服饰上的诸多特点，他先是体会是否对自己（以及京派京剧）有帮助，如果有的话，他就带回北京，然后在长期的艺术实践中分期分批地消化之与运用之。

在 20 世纪 20 年代前后，京剧的世界不过就是一北一南，北就是北京，南就是上海，至于天津、南京、武汉等地方，就都是"小码头"了。梅兰芳是个闲不住的人，北京是他的根据地兼大本营，上海是他进一步发迹之处。别人想在其中一处走红，就已经难上加难；他梅兰芳却跟玩着一样，一伸手就把这两处都拿在手心儿了。他在想，未来的日子还长，自己的下一步该往哪儿走了。这问题梅兰芳想过，他身边许多有见识的人，不觉之间也在替他仔细思考起来。

第八章 访美赴苏·三箭齐发谁似我

梅兰芳又忽然想起自己访美赴苏的事情来。那真是出于偶然，是与美国友人闲聊时谈起，自己兴致很大，加上齐先生他们认真准备，没两年就出行了。是从上海走的海路。到了那儿之后，也如同当年初到上海一样，自己到处拜客，征求对演出的建议。于是，先改造了演戏的剧场，在大门外悬挂了大红宫灯，在大厅中悬挂了八角纱灯，舞台的大幕布置了七层。每拉开每一层都是一种风景，激动得外国观众连连叫好……

最幸运的是遇到了熟悉美国也熟悉戏剧的张彭春先生。他介绍了美国人看戏的习惯。因此改动了每天晚上的戏码：原来是计划每晚演三出小戏。他建议缩减一点时间，改成两出小戏，再外加从小戏中抽取出的舞蹈片段。他以为，这些舞蹈片段非常有作用，能让外国观众看到中国戏的初始形态。到了演出前，最后一层大幕拉尽，他张先生以及一位杨小姐从侧幕走上舞台：杨小姐是用英文报幕，报告今天晚上一共有几出戏，都分别是什么。张先生穿着燕尾服，用英文向观众介绍中国戏的特征与原理，对一会儿即将开始的演出，起到画龙点睛的作用。齐先生在梅来美之前，专门写了介绍京剧的小册子，找人翻译成英文，这时也分赠美国友人。我们还带来一些能够体现中国传统文化的小礼品，如折扇、玉石、刺绣等，也在演出前分别赠送给各方面的朋友。在我们的舞台上，乐队成员都穿着传统服装，甚至他们的乐器上，也镶满了玉石雕塑。远远望去，就给外国人一种异国之思。锣鼓敲响，这让外国人非常惊奇：难道生活之中，也随处都是这样激烈的声音吗？演员走上台，他们对我们的服装以及更对我们走路的方法（尤其是虚拟动作）非常惊异：怎么跟他们的古代戏剧有如此的不同呢？等

51

我们张嘴唱歌了，尤其是我这样的旦角歌唱了，他们更是惊异不止——他们奇怪我的声音为什么那么尖锐呢？虽然他们没有喧哗，但我能感受到他们的内心，这甚至使我都有些不太敢放声歌唱了。我实在是怕他们接受不了我们习以为常的形式啊。

▲ 梅兰芳在美国纽约参加各界人士欢宴会

我们在美国的不同城市间巡回，见了好大的世面。有时他们的市长用马车接上我，一起走在他们的大街上，大街两边都是他们的国人，许多还从高楼的楼窗中探出头，来俯瞰着我这个来自远东的人。我能看得出来，他们都是自发出来欢迎的，不是政府花钱雇来的。这说明了什么呢？无非是他们的人民有礼貌，同时心底里也更热爱艺术，尤其是东方来的艺术。我参观了他们的许多机构，由于与中国的国情不一样，许多机构或办事的性质，在当时的中国无法仿效。我还结识了他们的著名艺术家。他们很有礼貌，即使没有到剧场看我的戏，也能看出他们对异国艺术使者的热情。尤其让我意外的，是他们两所大学决定授予我博士称号。我接受不接受呢？齐先生他们都说，这荣誉不是给梅兰芳一个人的，是给予我们整个中国人民的，当然要接受！于是，我勇敢而幸福地接受了——我梅兰芳，也居然成为美国的博士！如果我不出来，如果我还是在北京以及上海几个城市中唱戏，即使再努力，即使再赚钱，也不会见到今天这样的世面。而这样的世面，又是他们要通过我去转达给中国人民的！

梅兰芳想着，知道自己这一次心里是不太有底的。对什么不太有底呢？就是对京剧核心的虚拟表演以及那一整套的程式。我们早都习惯了，人家能否也习惯呢？就因为这，自己演唱中不敢撒开使用小嗓，一些虚拟动作也做得不够到位。但通过不断的演出，梅兰芳终于知道异国人士懂得了京剧，更懂得了自己。于是，他心中开始有底，如果明年后年再来美国，他一定能比今年做得更好！

梅兰芳在经历了抗战最初的几年后，忽然得到苏联政府的邀请，于是，他又要去苏联了。这次与上次不同，他心里很踏实，就准备以自己的戏去与人家的戏打擂台。再不用事先准备那些礼物了，也再不用认真去改造剧场了。梅兰芳心里有了底。人家排列出各种戏剧的著名剧目来欢迎我，那我一方面是好好地看，看是为了扩大眼界，以便今后好好地吸收。同时，我要以更大的精力，把我带来的戏演精演好。演出前不再需要华人身穿洋装去报幕，再使用小嗓，国内该怎么用劲，出了国我还怎么用劲。如果外国人觉得不太理解，那就请努力理解吧。我们有我们的国度，我们国度有我们的戏剧，各个国家的情况不同，所以出现差异是很正常的。"平等"——在国与国之间，在艺术与艺术之间，在西方与东方之间，都应该坚持"平等"——这个词忽然冒出了梅兰芳的心头。偶然吗？既偶然又必然——这念头产生在抗战期间，产生在他远离开北方与京剧的故土的情况下，应该说是很不容易的。

梅兰芳在苏联会见了艺术界各方面的著名人士。其中有艺术前辈斯坦尼斯拉夫斯基、著名导演梅耶荷德，甚至因躲避纳粹而来苏联避难的年轻戏剧家布莱希特，也全都看到了。莫斯科戏剧界为梅兰芳访问苏联召开了盛大的研讨会，上述著名的戏剧专家纷纷参加。曾有苏联艺术家到后台拜访梅兰芳，他拿起梅的手仔细观看，他奇异了："怎么跟普通男人的手没什么两样？可刚才，您在台上表演时，这只手所带给我们的，真是述说不尽的意味，那可是用万千语言也说不清楚的呀。看到并拿起您的手，真让我们发出感慨：其他用手去表达艺术的人，他们真应该好好学习您，否则他们的手就真应该砍去啊……"

作者品评

"平等"这个词，确实是梅兰芳访美赴苏以来最大思想收获。在清政府还统治的时候，皇帝一家是国家至高无上的"主子"，连王公大臣都自称"奴才"。比梅兰芳大上几岁、十几岁的伶人进入宫廷，担任"内廷供奉"的几十年间，表面上亲近了君主，但实际上张口闭口依然自称"奴才"。这都是什么样的心境！"主子"看戏高兴了，赏你一块绿豆糕，于是"奴才"又得赶忙磕头谢恩。比梅兰芳年岁大的艺人不会忘记：八国联军从天津上了岸，"主子"却给吓破了胆，西太后带着光绪就逃窜到西安去了。等中国战败成为定局，"鬼子六"与洋人"和谈"完成，又有了"两宫回銮"——先乘火车从北京南郊马家堡下了火车，清大臣在那里搭建了彩牌楼欢迎之，随后又在被八国联军炮火轰塌了的前门正阳楼城门的基座上，也扎起一座标准的彩牌楼。城门是城门，彩牌楼是彩牌楼，二者各是各，此际生硬地连接在了一起。中国最传统最高超的手艺，被如此粗暴亵渎，被用来欢迎最无耻最卑鄙的帝王。回到皇宫的帝王，复又恢复了昔日的享乐生活。成立了升平署，管理着日常的看戏与学戏，被召进宫廷演戏的艺人，动辄又要跪谢皇帝的赏赐——哪怕又是一块绿豆糕，动辄又要自称"奴才"……

这都是不远的往事，梅兰芳如果早生十来年，他或许也会成为"内廷供奉"中最年轻的艺人。但时代给了他最新的"三箭齐发"的机遇：先是在北京，得遇伶界大王谭鑫培，陪他唱了戏，谭老爷子高兴，自己也得了实惠。但陪谭鑫培唱戏的人很多，其他人完了就完了，自己则在唱的过程中加了新的表演。所幸的是，谭鑫培并没有发火，而是赞同自己的改革，于是这又让自己尝到了改革的甜头。何况是自己呢，连看戏的人都觉得时代的确是变了，戏这"东西"也确实应该改一改了。这是一，是在北京改戏。第二呢，不能光在北京改，还得走出北京到南边的上海，看看人家那边究竟是怎么回事。结果这么一想，随后也就去了，结果一去再去，连着去了好几次，成就出很大的结果，成了很大的事，也成了很大的名。比自己早去上海的有许多人，但没有谁像自己那么投入地去上海。等去完上海，又动心思去美国！这是自己连发的第三箭，它可是比去上海要远更要难上千万倍的事情，没想到不但去成了，还赢得博士头衔，给国家与人民争得了荣誉。

可以扪心细问，这三箭都是怎么发出的？梅兰芳身后可没有政府支持，他身后只有一些懂得世事与文化的朋友。结果，朋友让梅兰芳做成了政府不做或也做不到的壮举。这个结论是引人深思的，是让后世的文化人所念念不忘的。如何做文化？当然，政府有政府的责任；但文化毕竟更是文化人自己的事情——既然是自己的事情，那就不应该推脱责任，不能事事都等政府来批准，来下达任务等。梅兰芳恰巧是人自为战了，他没有等待政府的批文，而是时机一成熟就立刻行动。于是，他就完成了常人通常无法完成的业绩——第一箭，大约是1913年，这年他十九岁；第二箭，按照他自己的说法，是"二十岁及其随后"几年所做的事；第三箭是始于1929年，始于他三十五岁。在别人流年转动得如同走马灯一样的岁月中，他就急匆匆完成了这样的一个跟一个的行动。他最后在三十几岁之时，就达到了他一辈子的艺术巅峰。是像运动员那样冲刺着跑百米吗？是，又不完全是。他有这样的胸怀，但做起来更细致更踏实。他一边行动着，一边观察着每次所去到的地方——是怎样的世风民情，有怎样的艺术，那些艺术与那里的民众，又是怎样地与其地其时的艺术磨合着。而这种磨合又能给自己与京剧怎么样的启迪与思考……

第九章 风吹荷叶煞·定式与标准像

舞与歌的对立统一

前面谈到广义之舞（即"动——动作"）当中包括了"唱"、"念"、"做"、"打"诸项手段，此章却要说明歌唱乃是京剧最富于表现力的一项手段，前后立论岂不有些矛盾？确有矛盾。但前面讲的乃是京剧原理，此章说的则是它外化出来的结果。

在近二百年的外化过程当中，京剧不可能不受到客观物质条件和主观上的文化传统的制约。本来按原理去推动京剧的发生和发展，是应该实现"唱"、"念"、"做"、"打"的均衡繁荣的。但是"做"、"打"两项是需要大量而精美的服装道具形成表演手段的，穷困的梨园界无法实现这一理想，于是就使"做"、"打"两项相对落后。京剧的"唱功戏"明显多于和强于"念白戏"，只从一个方面（当然是主要方面）说明了京剧唱腔的高明。因为那为数不多的"念白戏"（诸如老生戏中的《四进士》、《审头刺汤》、《十道本》等），由于京剧念白是一种特殊的歌唱形式的缘故，也同样可以证明京剧之歌是如何渗透于京剧之念并带动了京剧之念"歌咏化"的。歌与念的这种统率与被统率的关系，在中国文化艺术中是有传统的。曲艺中"唱"的形式明显多于"说"，然而评书一类形式中的"说"又绝不是生活中的音韵，而且同样被"歌咏化"了。

上面讲了京剧在外化过程因为主客观条件的制约才走了样儿，形成了舞与歌的对立统一。是不是只有京剧一门艺术形式才走了样儿？显然不是。中国画显然有其原理存在，但是其中今天被称作"文人画"的部分，所突出的笔墨情趣方面的特征，恐怕与其笼统的原理之间也存在着差异。我们放眼世界性的艺术领域：日本的歌舞伎，欧美的芭蕾舞，乃至今日尚在流行的摇滚乐、霹雳舞等等，但凡是走入"尖端"、极具个性的艺术，大约都是在原理外化的过程中走了"样儿"的结果。为什么会"走"成如此"尖端"的"样儿"？还不是主客观条件极为特殊的缘故！所以说，由外化过程中走样儿而造成的艺术某些因素间对立统一情形，一是大量存在，二未必是坏事。它造成了各类艺术特殊的外部形态，而且也给人们探索其内部奥秘提供了广阔天地。它造成了艺术的厚度与朦胧感。

京剧以唱腔标定流派

京剧流派之多，要居世界各门艺术之冠。京剧习惯以姓氏标定流派，实际上就是以唱腔去标定流派。为什么以唱腔标定流派，其中"被迫"的和主动的因素又是什么？

在京剧的历史上，一向穷得要死的梨园人物，都把嗓音天赋视为艺术生命第一位的本钱。他们称嗓音高亮的演员"有一条吭"，他们谈到某人嗓音不佳时总是一摸自己的脖颈："他这儿没本钱。"只要有嗓子（音量大，调门高，音色音质好），再加上功夫和修养，出人头地就势在必成。增加功夫和修养固然也需要钱，但毕竟不同于要现钱，何况中等以下水准的观众，对演员的功夫、修养并不看重，只要嗓子天生得好，自己"听着解渴"就行了。而演员如果因嗓音不行被逼着向"做"、"打"上发展，则服装，道具桩桩件件都伸手要钱，而且是要现钱！这就是唱腔一项能够超越"做"、"打"而得到重视的"被迫"的原因。从另一面讲，当这种被动的情势形成之后，有嗓子的演员则从主观上努力。京剧的歌唱讲究很多，甚至是讲究太多。它远远超过了用五线谱或简谱所标定的旋律和节奏，而讲求平仄四声，重视吐字归音，乃至喷口、擞音等细部的技巧。更重要的一条，是韵味，是由个人天赋音色与后天修养、追求融汇一体的韵味。这东西任凭谁都容易意会，唱不出可以听得出，听得出却很难讲得出。韵味中似乎除了物质的东西之外，更多的则属精神范畴。应当指出，追求韵味的倾向在近半个世纪中常常做过了头，它把观众的注意力从睁眼看戏引回到闭眼听腔，从具体的剧目和人物拉到抽象化了的主要演员身上。这样的"间离效果",不能不视为走火入魔。

明确提出"京剧以唱腔标定流派",并不排斥某些以"做"、"打"见长的演员也以姓氏标定自身的流派。杨小楼创立了杨派,盖叫天创立了盖派。这两位不同时期的武生演员都擅长"做"、"打",杨的念白完全够得上"歌咏化"的水准,而盖就相差许多,但由于他们二位的"做"、"打"均能称得起"歌咏化",不仅有物质上的速度、尺寸等等,而且更有精神上的功架和韵味,所以反倒丰富了"京剧以唱腔标定流派"的立论。谁能说杨小楼、盖叫天的"做"、"打"不是特殊意义上的歌唱!

流派纷出的文化背景

京剧的流派似乎是以谭鑫培名噪梨园之时才真正叫响的。谭鑫培之前的"老三鼎甲"(程长庚、余三胜、张二奎),今人作京剧史时也习惯以其姓氏冠为×派,但估计在清末当时,未必真能盛行开来。谭鑫培既已叫响,杨小楼也就当仁不让,到梅兰芳更是异军突起,谭杨梅三派就这样鼎立于20世纪10年代的前期和中期了。在梅派站稳脚跟之后,1927年竞选"四大名旦"的活动,又使尚、荀、程也名正言顺地获得了"派"的荣誉。30年代以后,老生、花脸行当的流派林立,连花旦、丑行、小生的优秀人才也纷纷树立自己的流派。40年代中期偏后,是京剧的一个小低潮。俟大陆解放,京剧又缓过劲来,在50年代中期偏后的又一次高峰中,裘派和张派也随之成熟并叫响了。以上是对京剧流派的历史所作的一个简略的描画。

为什么京剧仅在20世纪10年代至50年代中期这一段盛兴并掀起过几次或大或小的波澜?恐怕不能不联系中国的文化背景去进行考察。中国传统文化源远流长,孔子的时代似乎很盛兴音乐与诗,后来音乐渐次衰微,而诗到唐代空前繁荣,然后是宋朝的词、元代的散曲和杂剧、明代的传奇、清代的小说……这一主流中很少出现流派。即使偶然有之,也多以地域或风格倾向划分,绝非用姓氏冠之。然而流派却常在笔者前面漏掉了的绘画一脉中出现，当然划分的标准仍然是以笔法直至意蕴上的区别。京剧作为昆曲艺术的取代者，其上台即标志着与精神文化的疏远，同时在大文化的氛围中旗帜鲜明地贴近社会底层。这大概是谭鑫培之前没有产生流派的原因，因为那一段时间不可能甚至也想不到要去产生流派。到谭、杨、梅并立的这一段时间，京剧名伶在俗文化断层中扎下深根并获得极大声誉，于是就吸引了雅文化断层中的活跃分子的关注，不少人跑出来听戏、捧角儿；而从梅兰芳开始，也愿意探入雅文化的断层中去"瞧上一瞧"。由是故，遂有在梅兰芳艺术实践上的雅俗合流。合流的主要形式是梅认真加工老戏和创排新戏，次要形式之一，便是从国画等传统文化那里接过来流派的称谓。这个"接过来"，又一次在外化过程中走了"样儿"——它摒弃了国画流派中或多或少还内含着的学术，而大量地注入进具体演唱中的物质性的技术。这就使京剧的流派降低了层次格调，而且在不到半个世纪的时间里涌现过多的流派，几近"泛滥成灾"的程度。而且它们有一个特点：最初的谭、杨、梅三派是在京剧界的万众同声的呼唤中自然形成，并且还都具有一定的货真价实的学术特点；发展到30年代往后，流派生得不难也殁得容易，而那些夭折者，往往全无学术价值。这不能不视为一条沉痛的教训。

从朴素的情到华丽的文

梅兰芳之前的京剧歌唱，无论是青衣还是其他行当，其中内蕴之情都是朴素的，通常只能达到行当的类型化标准，而无法实现个性化的要求，那时歌唱的集中点还在"情"字上，调高声宏、字正腔圆是共同的特点（旦角的腔相对婉转一些），这个"情"也就来得质朴诚挚。应该说，京剧歌唱带给梅兰芳的这个起点还是不错的。但是也有不足，就是在具备朴素的"情"的同时，京剧歌唱少文，甚至无文。这要从两层意义去谈。第一层是歌词太"水"，不要说无法体现历史朝代、地域风貌及人物性格上的种种特点，就连词句文法上的通顺都常常做不到，诸如"马能行"、"马走战"、"地溜平"之类的词组在老戏中比比皆是。第二层是从音韵、旋律上看，各个行当之间的区别不大，每一行当内部的不同人物之间区别不大。换言之，就是那个时代的演员，受自身文化素养方面的局限，还无法真正驾驭、运用歌唱去刻画人物。他们只能根据已有的程式，更根据这些程式后面的大习俗，去简单地勾画所饰人物的大致轮廓。能做到这一点的还可算作能者，大多数人则充其量是在舞台上走过场，甚至只能"以说代唱"——尽管也有音律，但他们的"唱"只能达到生活中"说"的功能。

梅兰芳从学艺直到1915年之前，其歌唱就是在体现这种朴素的"情"的老路上渐进。从1915年开始的十四五年当中，梅兰芳排演了大量新戏，古装如《嫦娥奔月》、《黛玉葬花》、《千金一笑》等，时装如《孽海波澜》、《宦海潮》、《邓霞姑》等。在这些新编剧目中，尤其是在古装新戏中，梅兰芳歌唱上的集中点，则由以往的朴素的"情"过渡到华丽的"文"。何谓"华丽的文"？似也可以作两解：一是唱词文字典雅绚烂，常能把观众引进光彩照人的文学境界之中；二是曲调上也打破了单一的皮黄而引入了昆曲，并且在引入的过程中，不可能不加以变通。例如《天女散花》末场天女所唱的那一支"风吹荷叶煞"——

> 天上龙华会罢，
>
> 参遍世尊，走遍大千，俺也忙煞。
>
> 借得个居士室放根芽，
>
> 抵得过祇园布地黄金价。
>
> 锦排场本是假，
>
> 箭机锋俺自耍，
>
> 莽灵山藤牵蔓挂，
>
> 作践了几领袈裟。
>
> 叹只叹佛门病医无法，
>
> 说什么弹指恒河沙数劫，
>
> 一半是中宵火尽和灯灭；
>
> 说什么多生性海光明彻，

一半是半渡风生无船接。

俺这优昙种遍西方佛土供养匝，

任凭我三昧罢，游戏毗耶。

千般生也灭也迷也悟也，

管他怎么挣扎，

著了语言文字须差。

这一段表演在舞台上绝迹已久，根据梅兰芳《舞台生活四十年》第三集中记载，我们可以得知和想见如下几点。

（一）此剧起因于梅在朋友家见到一幅《散花图》，"见天女的样子风带飘逸，体态轻盈"，遂生排演之念。后查阅佛教《维摩诘经》，内有"维摩示疾，如来命天女至病室散花，以验结习"字句，遂由齐如山等构思故事拟提纲，由李释戡、王又默填词，由陈嘉梁制谱整理工尺，并在演出时吹笛伴奏。这出戏从发生到完成的过程，显然有异于传统老戏的发生和完成，显然可以说明"文"（从文学到文化）的进入京剧。

（二）剧本中规定在演唱这段"风吹荷叶煞"之前，要先演唱一支"赏花时"。"赏花时"是套用《邯郸梦》中"扫花"的调子，"风吹荷叶煞"则是套用《思凡》中末一段的调子。由于《思凡》在《纳书楹曲谱》中附在最后的"时剧"一类，所以那时研究南北曲的人不把"风吹荷叶煞"看成正式昆曲牌名，尤其反对与"赏花时"连带演出。梅兰芳不仅向持不同意见者加以说明，而且在排练"风吹荷叶煞"过程中，也有些小的变动。这足以说明梅排新戏时的创新意识和创新精神。

（三）单从字面上看这段"风吹荷叶煞"，未必得出华丽的"文"的结论，但是我们琢磨一下人物的感情——天女只不过是执行佛旨前来散花，本属"例行公事"，然而抒情如许，所以就感情来讲，就绝对属于华丽，并且华丽得有些多余了。由此可以看出，梅兰芳从前期朴素的"情"过渡到华丽的"文"，确是有得有失。得是使观众耳目一新，见到一个旧戏中从未见及的"文"（文学、文化）的新境界；失，则是新戏中外在的浮泛之词多了些，人物的准确性差了些。梅兰芳大约很快就察觉到这一点，所以在这一时期思想上已有所准备，并在抗战胜利之后正式开始了新的探索。

又"复归"到准确的情

抗战胜利后梅兰芳在上海"复出"，首先是以昆曲《游园惊梦》与观众见面。这出戏中的"文"自然当属华丽的，但内蕴的"情"又如何？修养不够的演员动情，显然会因其"皮儿厚"而感到困惑，解决的办法也只有一个：使表演火爆起来，以求冲破"皮儿厚"。梅兰芳则不同，承认"皮儿厚"是客观存在，承认杜丽娘硬是比穆桂英、梁红玉一班巾帼英雄要多几番屏障，承认杜丽娘给观众的感觉就是要有一种朦胧的思绪。梅兰芳在 50 年代发表的一篇题为《谈杜丽娘》的文章中，着意从两个方面介绍他所改进的表演方法：

其一是确定人物基调，划分表演段落。"《惊梦》一出，刻画杜丽娘的心情，是有三个层次的转折：第一，是从念独白到唱'山坡羊'为止，这一段因为春香已不在面前，所以'怀人幽怨'的心情就表面化了，渐渐地在'困人天气'中睡去。第二，是两支'山桃红'的曲子。她平时的理想人物在梦中出现了，梦中的情绪是奔放的，这是杜丽娘在全剧中最愉快的一段。第三，是梦醒之后，有些茫然若失的意思，当着母亲的面却要故作镇定，母亲走后，又细细回忆梦中的情景。"昆曲本身是很不好唱的，或说是极不容易"得彩"的，这一点对梅兰芳也没有什么例外。然而如梅兰芳这样的大艺术家，他没有把气力首先放到具体的曲牌演唱上，而是先仔细把握人物内在的贯串线，将其分成几个相互连接的阶段。只有先实施这一步，并做得极为准确之后，才可能在演唱时把握分寸，并且调动起观众情绪，促使他们在某几处节骨眼儿上，从内心去喝彩，尽管未必会出声！

其二，就是在大处"叠折儿"之后，还要全方位地运用声腔和表演技巧，把每一小块儿戏都刻画入微，并且做到前后衔接得体。比如第一层次的"山坡羊"前有这样几句独白："蓦地游春转，小试宜春面。春啊春，得和你两流连，春去如何遭！咳，恁般天气，好困人也！"梅兰芳体会到——这几句是《惊梦》念白中的紧要句子，念的时候不可轻轻滑过，两个对句要念出段落，两对之间似断而实连，中间夹着一句很重的"春呀春"，下面的一个"春"字要阴声直起（春是阴平字），念得响，底下两个对句之间要有停顿；然后念下句，这几句要分别宾主，用高低顿挫表达出春困的情感来，使台下保持绝对安静，下面"咳"的一声轻叹，才能让观众听得真。杜丽娘在这出戏中只有这里轻轻发泄一下沉郁不舒之气，有了这一声轻叹，下面"恁般天气，好困人也"的叫板再从"也"字低回的尾音很自然地和"山坡羊"曲子联系起来……我们不难从梅兰芳的这一体会中看到：他把这一段念白完全"歌咏化"了，全剧唯一的一声"咳"，经过他的精心处理，难道不比那些能够得彩的高亢唱腔更加高明？京剧讲究现场得彩，而昆曲讲究内心得彩，二者异曲同工，后者比前者的难度还大。此外，在下面"山坡羊"中演唱到"则为俺生小婵娟"时，传统演法是款款地站起来，离开椅子，这时静中的动渐渐在增强。等唱到"和春光暗流转"一句，靠着桌子，从小边转到当中，慢慢地往下蹲，起来再蹲下去，反复三次。这是一个刻画春情比较"尖锐"的老身段，梅兰芳年轻时也曾这么演过，抗战胜利后他在上海再演，觉得年纪大了，再做这一类身段就显得过火，于是就极力减弱这一部分动作，后来索性把"和春光暗流转"的身段改成转到桌子的大边，微微地斜倚着桌子，有些情思昏然的娇慵姿态，最后轻轻一抖袖，就结束了这一句的动作。梅兰芳后来又想到，在入梦之前，过于露骨的身段对一个像杜丽娘那样身份的女子还是不大适宜，即使是由年轻的女孩子来演，也同样"不妨照我现在的样子来试一下"。这个例子说明，梅兰芳在讲究音韵旋律的同时，又是何等注意运用形体动作来烘托词意了。

为什么不举出一个唱句实例来说明梅的演唱已经复归到准确的"情"上来了？由于文字本身难以形容音乐的妙处，笔者又不打算罗列许多曲谱来证明某句唱腔的衍化过程，因为那么一来，势必要写到梅派唱法的技巧，而这正是笔者极力希望避免的事情。

碎中求整与闲处生神

翻阅《梅兰芳演出剧本选集》（以下简称《选集》），追寻一下唱腔的"碎"与"整"间的辩证关系，当是十分有趣的事。

1961 年出版的《选集》定本共收入剧本十一个，前后可划分三期：早期从老前辈那里学习过来，并不断修改加工（几乎终其一生）的剧本，如《宇宙锋》、《贵妃醉酒》、《奇双会》等；随后新编独创的古装传奇剧，如《黛玉葬花》、《天女散花》、《洛神》等；晚年唯一的新编剧目《穆桂英挂帅》。

梅在第一期中的按腔特点，就可以说是"碎中求整，闲处生神"。比如《宇宙锋》一剧，仅"修本"和"金殿"两折，唱词加到一块也才三十二句，腔调选用了西皮和反二黄，西皮有原板、摇板、散板三类，共二十六句，其中四句连唱的原板、散板各一段，在剧场演出时很难获得彩声；梅先生的本意大约也是根本不去求彩。这三种板式安排得很碎，且大量以"唱中夹白"的形态出现，梅在演唱中似乎从不着意耍腔，但只要仔细去听去看，就会发觉他能匠心独运，以碎求整：通过许许多多貌似不经意的点染，逐渐就把"这一个"赵艳容的复杂性格的各个侧面完整地勾勒出来。仅有六句的反二黄慢板，梅先生也是很"闲"地唱出了赵艳容装疯的神态。腔儿虽然耍开了，梅却极力拢住观众的神，不让他们鼓掌，为什么呢？原来他怕观众因鼓掌而分神，于是表演（尤其是从第二句"摇摇摆摆摇扭捏向前"开始）也就同时展开了幅度和力度，那一句假装着春情浪漫的痛苦，伴随赵高突来的尴尬，引出观众阵阵会意的笑声。显然，这是比满堂好还要高明的剧场效果。

到了第二期，梅按腔的特点已有改变，就不再是"碎中求整，闲处生神"，而是充分把握住那些重场中的核心唱段，重彩浓墨地大事渲染。在这个时期的古装新戏中，梅的人物扮相出了新，布景道具出了新，唱腔也在"集大成"的基础上面出了新。以《天女散花》为例，梅饰的天女仅出场三次，第一次上场唱二黄慢板四句，第二次上场唱西皮倒板转慢板四句，随后又唱二六转流水共十六句，第三次上场则唱"赏花时"和"风吹荷叶煞"两段昆曲共二十三句，

▲ 梅兰芳演《天女散花》中天女

另有尾声两句。由此可见，此期按腔不免有堆砌之病，形式大于内容，人为的炫耀，造成了这些剧目的"短命"。

到了晚期的《穆桂英挂帅》，梅又复归到早年探索、中年坚持的传统风格上，只不过此时的"碎中求整，闲处生神"达到了更高一级的程度。换句话说，就是吸收消化了第二期中的合理因素，使某些浓墨重彩紧紧附着于内容需要。穆桂英在剧中共上场三次，第一次上场仅唱九句——西皮原板四句、摇板四句、散板一句，

这是典型的早年手法。第二次上场唱段较多，先后为西皮慢板四句、散板五句、二六十句、摇板一句，散板四句、望家乡快板八句和散板四句。从上述罗列中依然可以看出，梅是坚持了"碎中求整，闲处生神"的，并且在一上场的四句西皮慢板中，也依然运用那种纯粹从技术上造成时间间隔的"闲"情，唱出穆桂英不无焦急的神态。此处是不求也不应得彩的。然而因为是梅兰芳表演，1959 至 1961 年间的观众，便很友好地报之很礼貌（绝不是"很狂热"）的掌声。如今，其他演员再演到这一处时，剧场一切恢复正常，就很难听到掌声了。到后面的二六十句和望家乡快板八句中，梅则运用了"大泼墨"去渲染人物，然而就在这两处"大泼墨"的中间，偏偏有四句散板——"一家人闻边报雄心振奋，穆桂英为保国再度出征。二十年抛甲胄未临战阵，难道我就无有为国为民一片忠心！"梅在演唱第四句时豪情激荡，一波三折，真是唱出了这一场（甚至是全剧）

中的最强音！为什么梅的这一句能够如此痛快淋漓地发挥出"碎中求整，闲处生神"的妙旨？恐怕就因为第三句"二十年抛甲胄未临战阵"之后安插了一段用"九锤半"伴奏的捧印独舞，而这段独舞从性质上讲，则与第二期排古装新戏时在"集大成"基础出新的按腔方法异曲同工。由此可见，《挂帅》中穆桂英第二次上场时的唱段安排，实在是将中国戏曲歌唱的妙旨达到了炉火纯青的地步。至于梅在《挂帅》中最后一次上场，为的是表现穆桂英点兵观将的豪情。他最初采用了传统的西皮倒板转原板再转摇板的手法，但与众不同的是，他在排练中有所更动，在原来的九句原板的中间部位，把其中三句抽出来改唱南梆子，借以体现穆桂英见到夫君杨宗保和女儿杨金花时突发的女性之情；到后来见到儿子杨文广时又复归到原板上面。这一改固然也能说明梅之灵活机智，但可惜它毕竟不是发生在戏剧主干上；同时，这一场后半部的"斩子"，或多或少袭用了《战洪州》中"斩夫"的老套，解决矛盾的过程甚至还不如《战洪州》生动活泼。所以，通观全剧，《挂帅》末场实成强弩之末，很难在结尾再掀起实质性的高潮。

　　"碎中求整，闲处生神"是中国传统文化诸多形式所共有的一种特征。其中的"碎"和"闲"很能说明中国知识分子的心态，而中国传统文化的功利性目的，通常也就是在闲适和淡泊之中休养生息，调节自身与自然（乃至于整个社会）的关系。一旦走入仕途、为国奔忙，早期的"碎"和"闲"就能事先为后来的"整"和"神"做好足够的积累；将来万一遭到贬官查抄，不得不重新归隐山林，当"整"和"神"破碎之际，知识分子又可以重新拾起这"碎"和"闲"来，一方面缝补旧梦，一方面编织新梦。梅兰芳分别在第二和第三时期内所做的突破和复归，也受到主客观条件的制约。他当之无愧地完成了历史赋予他的任务。每一位艺术上的后来者，恐怕也都会遵循梅兰芳的榜样，走出互为独特的"三段式"来，尽管后来者与梅兰芳之间，以及后来者相互之间的"三段式"，表象将是多么的不同。

丰厚而混乱的文化

1950 年秋，梅兰芳在北京演出《游园惊梦》之后不久，《新民报》上就发表了宋云彬先生的文章：《谈迤逗就正于梅兰芳先生》，指出梅把"迤逗的彩云偏"中的"迤"字唱成"移"是不对的，正确的读法应是"拖"云云。由于宋文中间引用了不少古代的音韵书籍作为论据，所以格外引起梅的重视。梅向王少卿、许姬传等回顾了他读这一个"迤"字的反反复复的经历：自幼在北京学唱昆曲《游园》，即读成"拖"；早期去沪唱戏，仍读"拖"；"九·一八"后移家上海，见南方曲家多读"移"，并得悉这是吴瞿庵、俞粟庐两位老前辈仔细考证而得出的结论，遂改读"移"至今。梅当时查阅了一部韵书，结果又多出一种读法——"以"。梅兰芳惶惑了，赶紧写信给上海的俞振飞请教此事。俞接信后还真费了一番大工夫，把各类韵书翻了个遍，最后在以上三种读法之外，又补充了第四种读法："驼"。俞振飞在信的结尾也没有下结论，指出有必要"请宋先生共同来研究一下"。

梅兰芳在歌唱中，这是一件小到不能再小的事，然而从中却可以看到中国传统文化是何等丰厚而混乱！这类例子多不胜数。由于"上口"的关系，京剧一向把"脸"读作"拣"，这对今天的观众是多么别扭——当把"脸面"读成"拣面"时，会不会使经常做饭蒸馒头的观众译成"碱面（儿）"呢？！还如姚期之"姚"，古字当为"銚"，多少年来从演员到观众早已习惯用"姚"替代，但这又引得不少古文专家"怒发冲冠"。再如京剧发声中的四声、尖团问题，完全忽视是不对的，但像某些老前辈那样把它摆在比塑造人物还要重要的位置上，恐怕就只能说明自己在枝蔓处有点钻牛角尖了。

我这样讲，并非想把音韵问题一笔抹杀。相反，我倒还要提出一个实例，说明正确处理音韵问题可以对表现内容起到积极的作用。京剧《打金砖》一剧是海派名伶李桂春（小达子）由梆子移植过来的。其子李少春在继承的过程中，就把"绑子上殿"（即《上天台》）中的大段唱腔，由父亲习用的"江阳辙"改成余（叔岩）派惯用的"人辰辙"。因为，从《打金砖》中的"这一个"刘秀来说，唱"人辰"似乎比唱"江阳"更合适，同时也更容易出余派的"味儿"。"江阳"响亮，容易得"好儿"，但这一场，这一会儿的刘秀偏偏不需要去得"好儿"。再说，余派的"人辰"唱得深沉、讲究，如果稍稍注意抑扬顿挫一下，同样也能得"好儿"，但它毕竟又不同于谭派那脆快爽利的"江阳"。由此可见，京剧"十三辙"不单纯是一种形式，而是很复杂，又很辩证地与内容扭结在一起的。我们在选用辙口编写新编剧目的唱词时，既不能由编剧一时兴致、信手拈来，又不宜在修改中完全迁就主要演员的习惯而改变辙口。

本节标题——丰厚而混乱的文化，我以为不仅涵盖着如上所讲的音韵问题，而且在构成当代戏剧各项基本因素及其相互关系种种方面，往往也糊里糊涂地起着指导或制约的作用。这个问题可实在比音韵要严重得多了，偏偏我们许多人（从演员到观众，甚至包括一些领导戏曲工作的人们）熟视无睹，无动于衷，因循守旧，故步自封，迷信陋习，不求科学。

悲乎哉？当然，京剧怎的能不走向衰微？真心识它爱它之人怎的能不悲从中来……

梅腔定式与"标准像"

梅腔通常给人的感觉是朴素大方，仿佛并不太难学。一些戏迷往往跟着唱片学上几遍，就可以把握住基本旋律了。容我试问一声：唱片中的梅腔，可就是该戏该段的定式吗？答案当然是否定的。因为同一出戏，梅先生的早期、中期与晚期，唱法上会有所变更。即使在同一时期在不同剧场，面对不同的搭档演员，甚至依据演唱当时某些偶然的因素，又会使梅的唱腔产生一些微妙的变化。这些变化绝大多数又是在演出进行中即兴生发的，梅先生是无法临时通知幕侧的乐队的。然而乐队成员由于与梅先生的默契，同时凭着对梅派艺术的准确了解，以及对梅"万变不离其宗"的机变规律的熟知，所以每每在梅作即兴演唱时不但能"跟着走"，而且能灵活、果断地加以烘托发挥，反而形成一种未来新定式的雏形。

　　新中国成立前能这样做的人颇多，以后能这样做的人就少而又少了。其中原因很多。比如：能达到梅先生这般艺术造诣的人太少了，所以别人在机动处理时容易走上岔路。比如：梅先生的威望太崇高了，观众迷到"他怎么改、怎么是"的程度，别人是很难赢得观众这样的景仰的。我以为最重要的一条，是剧团的私营制度保证了梅即兴发挥的可能性。因为在整个50年代，国内私营京剧团只梅一家，尚、荀、马几位的私营剧团都只坚持了很短的时间。私营剧团从组织上确立并延续了新中国成立前名伶带动乐队和配角即兴创作的传统；加上梅的人品和艺品，又使这种即兴创作始终沿着正确的道路前进。说到后面一点，我觉得可以提出这样一个立论：台下的梅兰芳，一生中也曾多多少少被外部环境所扭曲；然而一旦登台，梅兰芳立即变成一个独立的人，一个创造欲无比强盛的人。每一次演出，他都是倾注了全部的生命和心血，去作新的体验和新的尝试，正是这一点使《贵妃醉酒》、《宇宙锋》、《奇双会》等在半个多世纪中常演常新，而且越来越震撼人的心魄！从这个意义上讲，梅的舞台创造从无定式，梅腔也从未定式。

　　然而，梅录制的那许多唱片又算作什么？我以为只能看作"标准像"。什么叫"标准像"？精心构思，反复调试，不断校正，再稍微加些"亮光"……好处固有千般，缺点也总有一条：总不免"端"着架子，欠鲜活，少生命！这对任何人都是适用的，从领袖人物直到伶界大王。大约正是这个道理，戏曲界的徒弟总要随时随地"跟"着师傅——跟着师傅进剧场，一次次地看其化妆，一次次地在台下看同一出戏；再跟着师傅回家，鞍前马后不离左右，就为窥得师傅各式各样的神气儿，以便对"标准像"做出补充或修正。

第十章 长夜难明·战争岂容躲避

梅兰芳怎么也没想到，自己前半生顺风顺水，三十几岁就去过了世界上两个最大最强的国家，自己成为世界戏剧史上"有了一号"的名人。真的是怎么也没想到，为什么"九一八"那样一个再普通不过的晚上，中国就被迫进入了战争状态。而艺人，则是最怕打仗的。道理再明白不过，一放枪放炮，城市中的人都怕房子倒塌，更怕枪炮子弹不长眼睛把自己打死，这样一来，还有多少人敢冒危险进戏园子吗？就算有不怕死而仍然听戏的观众，那么唱戏的演员呢，还敢进剧场上舞台唱歌跳舞吗？提到演员，就比如自己吧——尤其是从美国苏联回来，多少人都鼓励自己再接再厉，把唱戏的工作搞得更好；自己也何尝不是树立了这样一番雄心，趁着年纪不大，还可以也应该把这一种粉墨之途走得更远。但想终归是想，真要做，就一筹莫展了。戏班的人心散了，每天听见北京城外不算太远的地方老打炮，谁还有心思扮戏呢！学戏时都和戏班签下生死合同，言明有个三灾五难，戏班概不负责。如今自己成立的班社，里里外外都是从小一块长起来的熟人，大家都是一棵树上的果子，都是手心连着手心的兄弟。只能多为人家想，不能有一点想不周到。于是这样一来，日子就一天天延续下去，自己的艺术就无端被耽误下去……

就凭这，就真是不堪回首。从 1928 年起，北京改称北平，政府迁移到南京去了。尤其是进入 20 世纪 30 年代后，北平人心惶惶，唱戏的与听戏的都不像过去那么专注，人心里就像长了草，遇到谣言就更是疯长不已。而上海，那是自己早年经常去的地方，由于距离战争遥远，戏剧发达，更长出了电影与话剧，每天出入上海的人流不断，那里也是需要京戏的，更有不少的人在说——"梅兰芳要是肯到上海，他一定大发达！"

　　这也就不过是句话，本来不必认真的。但自己整天无所事事，所以一听见就立刻动了心。自己与梨园最亲近的人商量，无非就是要通个消息，但就有人站出来激烈反对！其中为首的就是他齐先生！他反复说过这样意思的话："我跟您认识有二十年了吧？我真想不到您会心生如此的下策！上海，那是懂戏的地方吗？那，就是个挣钱并挥金如土的地方。在那儿唱戏的人并不懂戏，您今后要是老跟这样的人搅到一起，日子一长，您身上那些正确的东西也就完了。我跟您认识了二十年，我给您编了有一二十出新戏了吧？为了您，我自己准备要干的工作也搁下了。如果您不听我的劝，非要走的话，我当然也无可奈何。您走您的吧，我还待在我的北平。我绝对不会给日本人干事，我就躲避在我的家里写东西。我家有五进的深院，最后一进是装柴草的房子，我就躲避其中写我的书，我会年复一年地写下去的。如果日本人来了，让家里人告诉他们：这姓齐的失踪了，早几个月就离开了北平。北平这么大的城市，缺少我这样的个把人，对他们也不算回事。等日本人失败的时候，我就端着我的著作出来了，重新走出家门，告诉大家这些年我都干了些什么。至于您，我规劝了这半天，希望您能听得进，希望您跟我的友谊，不至于因为抗日这事而分道扬镳……"梅兰芳听见这番话时，也自然是动情的；但听完之后，他齐先生走了，又觉得身边空空如也，真的是很无奈。齐先生可以躲避进柴房闭门写书，可我想唱戏又该怎么办呢？如果我到了上海，上海会欢迎我唱戏的。我现在三十几岁，扮出戏来大致还不会太难看，要是我也等上十年、八年，脸上的褶子一出来，想再唱戏恐怕还得倒贴钱呢，真是时不我待呀！

　　梅兰芳反复与周围的朋友讨论"是否南迁"的问题之后，终于在1933年做出决断：他离开了北平，带着家属前往上海。行前，他独自去了徐兰沅的家——因为徐是自己的亲戚，同时又是长辈，彼此相处了几十年，所以临行之前，梅兰芳把自己家的祖宗牌位，郑重地存放在了徐家。还据说，梅兰芳是从北平前门火车站走的。他临走前，回望了一下前门，恰巧一群鸽子在天空盘旋起落，这情景勾起了梅兰芳的无限情怀，他默默祷告着：北平啊北平，只有这儿才是我的家，不管我今天被迫要走出多远，可明天或后天，我一定是会回来的。前门，你就给我作证吧。

作者品评

尽管梅兰芳思前想后，但他仍然是一厢情愿着离开北平，也急切着在南边等待抗日尽早获得胜利。可谁又想得到，政府军队却一直节节败退，不但北平成为日本人的天下，连上海也失守。就为这，梅兰芳便退到了香港。为什么要再退？梅兰芳心里就一条：不愿意在日本人的眼睛鼻子底下讨生活。如果生活中距离过"近"，那有些事情"就不好说了"。没想到退到上海之后，没多久连香港也沦陷了。而自己的家属还都在上海呢！既然左退右退也没能退出日本人的控制范围，那就还是聚到一起吧。既然是一家人，即使是死，也应该死在一起。这，不就是咱们中国人做人的准则吗？上边大而化之地讲述了梅兰芳南迁之后的心路历程，未免简单，也未免太粗线条了。而梅兰芳是个很细致的人，他到南边遇到的麻烦也远比常人要大了许多。

梅兰芳上述过程

▲ 梅兰芳在港时，夫人福芝芳与 1941 年夏携子女由沪来港全家合影。梅葆琛（后左二）、梅绍武（后左一）、梅葆玥（前左一）、梅葆玖（前左三）

不是一步就走完 (或走到) 这个过程的。他初来上海时，不过是来看看，是等待形势的进一步发展，有可能变得更艰难，更希望很快就能走出战争。所以，他在1934年刚来上海时，还排了《抗金兵》与《生死恨》两出戏，1934年还因私事短期回过北平一趟，结果就遇上了程砚秋正在北平唱戏 (可见程砚秋之抗战，也同样有个过程)。梅兰芳身边的人，劝说他也唱一期，梅兰芳本是"无可无不可"的态度，于是就唱了，两人的戏园子还相距不远。从老百姓的心理看，都觉得梅兰芳刚走又回来了，虽说他表面上说自己不再唱戏了。但演员的话是不能过分认真的，现在他不又回北平了吗？他不又唱戏了吗？所以，北平观众很欢迎梅兰芳的归来，更热衷于他与程砚秋打上了对台。戏迷非常"感谢"打仗呀，没有打仗，就没有梅兰芳的暂时离开与忽然归来，就没有他们师徒二人的打对台。因为平时看各自平时的演出，与当时看双方多少有些意气的对台戏，那味道是很不一样的啊。结果，两人各自的演出都很好，可以算是打成个平手了吧。

还说梅兰芳复又重新回到上海，形势严峻了，他不再公开唱戏了。而北平方面的程砚秋，由于受到敌伪势力的挤压，也不再登台了，躲避到郊区青龙桥种地去了。这样，梅兰芳与程砚秋一南一北，他俩在抗战问题上又联起手来，与敌人打起了对台。两人都在坚持，都不能轻易退缩。看来，这时的他俩，又各自在心里"铆上了"。这样的师徒，不是非常好的吗？等形势又有了发展，上海也陷落了，梅兰芳这才在陷落之前，先一步躲到了香港。梅兰芳一辈子以爱美与追求美，作为个人追求的最高目标。如果让他长期生活在敌人的铁蹄之下，处处看统治者的鼻息做事说话，这不就太难为了他吗？从这个意义上看，他预先躲避出敌人控制的范围，从小范围上稍微松闲一番，这倒比较符合梅兰芳的心性。甚至于，连广大爱好京戏的戏迷，也希望梅兰芳能够这样生活，他们不希望敌伪人员每天去敲梅兰芳的家门，他们希望梅兰芳能够生活得更宽松与更从容。

还应该谈一谈后来梅兰芳面对日寇不合作的方式。资料上讲，日本人派了一个课长找到梅兰芳的家里，劝他到电台录音。梅兰芳委婉拒绝，说自己老了，嗓子也已经不行了。日本人第一次碰壁，但修养甚好，没有发火。其实这样做是聪明的，他们对待自己国家的音乐与歌舞伎艺人的态度，大体也与对待梅兰芳相似。日本人懂得这些古典艺人的价值，找他们给自己做事，不必也不能太直露。提出了要求，如果对方答应，当然好；如果不答应，那就等一等再说。这样，让古典艺人从容些，同时让自己在老百姓心目中的形象也大度些，这样不是两全其美吗？后来，梅兰芳对日本人采取了"智取"：知道日本人次日要来纠缠，于是前一天给自己注射一种能够制造暂时发烧的针药。等日本人来了，梅兰芳正发着烧，他艰难地讲"自己实在是没办法了"。而日本课长也顺坡而下，再没有强逼梅兰芳带烧录音。其实，这样的历史事实，有时能比李玉和的"赴宴斗鸠山"更带有文化气息，无论对日本人还是对梅兰芳，都似乎更丰富而准确一些。

总之，梅兰芳生活的中心就是京剧，而且是北派京剧中最为庄严、也最为明丽的那种。他捍卫自己的艺术的心思很重，甚至高于自己的生命。他多次来过上海，也认识不少上海的人，并且关系非常融洽。他愿意在矛盾尚不直接的上海（包括香港），过完那战争状态的时期，对此他既是无奈的，但又是坚决的。他自己不演出，竟决定推出弟子李世芳代表自己演出，使用自己班社的老演员去辅助李世芳。这，实在是很高明的一笔，是间接的抗战举动。

至于他本人在抗战中的深夜，把住所的帷幕拉严，然后用折断的火柴棍取代京胡上的琴码，这样胡琴的声音就大大降低。他寂寞地拉起了京胡，怀念遥远北平的故人与老戏园子，怀念那些古老的戏本与朴素的表演。所有的这些，都让梅兰芳的"南迁"更富有人文色彩。

第十一章 民间与顶级之间·八出足矣

忆抗战胜利的那一刻，梅兰芳满腔热情，立刻在上海登台演出。八年没有登台，让他的嗓子"回去了"，京剧暂时是唱不了啦。同伴安慰他："先唱几回昆曲，慢慢就可以把嗓子'找'回来。"这样一试，还真的"找"回来了。这时年满五十的梅兰芳，开始想着自己演戏问题上的下半生了：还能排多少新戏？他略微想了想，似乎觉得兴趣不大。排演新戏毕竟应该是年轻时的事，而下半生演戏的重点，应该是把曾演过的那么多的熟戏，认真从中选择一番，找出重点的若干出，再精心打磨之。究竟选择多少呢？又如何选择呢？这当然都得走着看，或者是做起来再看。社会上有人这样评论梅兰芳那一辈的老伶工，说他们肚子里都有"不下于三百出的好戏"。虽然略有夸张，但大体上是事实。梅兰芳想，自己究竟要从这三百出中，精选出多少出作为自己的打磨对象呢？

他回想自己打磨过或创造过的若干剧目：《贵妃醉酒》、《霸王别姬》、《洛神》、《宇宙锋》、《玉堂春》、《奇双会》、《西施》、《凤还巢》……这样想来，一共总有八九出或者十多出吧。梅兰芳回忆着，发觉自己当初认真排过的大戏可真不止这些，就比如去美国之前排的八本《太真外传》，

▲ 梅兰芳演《玉堂春》舞台照，饰苏三。同台的有王凤卿、姜妙香等

那自己可真下了大力，换别人即使下大力也未必能排得出来。但那戏场面太大，离开一定的条件，恐怕是传不下去的。再，就是千万不要离开京剧的传统太远，自己年轻时排演的两类新戏（穿古装的与穿时装的），当时是真红了一时，事后就销声匿迹。这，也算是反面的一个教训吧。梅兰芳思考着更回忆着，自己在《太真外传》上真是下了大功夫。在美国演出，说明书封面上就是它的剧照。但它没能流传下来，除了言慧珠还唱过它的选场，其他传人都不敢碰这出戏。这究竟是为什么呢？还有，自己早年学演了不少的戏，为什么今天自己的传人都不肯学更不敢演这些戏呢？显然，他们是想"直奔"我的梅派而来，至于处在模糊状态的"别的戏"，他们连碰也不敢碰。他们总想"直奔"梅派剧目，怕稍微多使点力，就反倒"不是"了。甚至他们怕自己的路一旦不"直"，观众就不认他们了。他们最怕的，就无非是不像"梅派"。这样的想法与做法对吗？显然是不对的。我梅兰芳也不是凭空一努力，一个好端端、孤零零的梅派就横空出世了？老观众都知道，我年轻时同样走过很曲折和艰难的路，最后才总算走出一条属于自己的梅派之今天。如果从前没有曲折，我能这样平易就出来吗？我如果不通过许多这样那样的剧目打了底子，怎么可能打磨出那些被世人称作"梅派"的剧目？

还一个问题：梅派剧目究竟有多少出？是八出，还是三百出？说三百出肯定夸张了，那些戏是我和同辈人的共同成果，我不能独吞，也独吞不了。至于八出的说法，这也不是我自己说出来的。但我又不好与坚持这种说法的先生辩论，我总觉得自己的艺术，一方面这"八出"确实算是一个大致的概括，同时又似乎不能局限其中，我有许多独特的实践，还另存并散见于其他剧目的实践中。

梅兰芳思考着：究竟什么样的戏才算真正的好戏？究竟什么样的戏才能既有创新，同时又能流传下去呢？他发现自己最初选择的那些戏，大多都具备上述的特点。他还发现，自己被观众认可的那些戏，都是在自然而然的状态下产生的。越是满怀期望，越是精心打磨，其结果反而未必好。而且这打磨还似乎有两种特征：一、需要是自然而然产生的，是伴随自己的演出，慢慢发现并积累起来，最后是自己发现：某出戏里有几个地方，是不得不改了。二、需要是那些看了自己十几年甚至是几十年的戏的老观众，得是他们先在心里想过了很久，觉得某处不改就不足以"过门"，他们又通过各种关系，把他们的意见转达给我。自己接过来一想，咳！还是真对，人家把我的戏就当成自己的事情似的，这样的热情真值得感谢呀。

就这样，梅兰芳一方面非常刻意，同时又不经意似的，就这样东一出并西一出地打磨起来，观众也发现了梅兰芳的举动，也注意起梅派艺术的发展与前进来，于是，到了20世纪50年代中期以后，在戏曲界就又出现了一个新名词："梅八出"，意思是说梅兰芳最拿手的剧目有八出。究竟是哪八出呢？除了前文说到的那些外，还有若干受欢迎的剧目。把它们集合在一起，似乎总数字又超过了八出，大约总在十多出的模样。在这些戏中，有的是传统老戏的翻新，有的是早期独创剧目的打磨，还有些根本就是昆曲，只不过由梅兰芳演熟了，让观众一看，只觉得梅韵浓郁，反倒不挑剔它原来的剧种了。总之，它们的"出处"与"经历"各不相同，但梅兰芳要求它们的，就是演出风格上的统一，是梅韵的浓郁，让人一看，就觉得它们"像梅"或"是梅"。甚至，就连梅兰芳1958年为庆祝新中国成立十周年而新排的《穆桂英挂帅》，也被观众列在了梅八出之列。

作者品评

历史上常常有惊人的偶然："梅八出"就与"扬州八怪"何其相似！上文我们说"梅八出"是经梅兰芳刻意打造出来的"八出"精品，同时也是由广大观众所认定的"八出"梅派名剧。事实上，"梅八出"不仅只有"八出"，"八"只是一个大致的数字，官方从来也没有正式确定这"八出"究竟是哪"八出"，甚至后来《挂帅》出现并进入了"八出"，那么被取代被淘汰的又应该是哪出？这些都是问题，同时又不成为问题。为什么？就因为这里的"八"，只是一个约略而吉祥的数字，"扬州八怪"也是如此——这一批画家的前几位，是被公认的郑板桥、金冬心、黄慎、高翔、罗两峰、李方膺等几位，而后面的如果按照专业学者的意思一延续，估计就有十五六位之多（这是专业画论上的论点）。甚至有学者为其进行定位：一、需要是结合当时的形势，在艺术上确有创新的画家；二、需要是活动在扬州地区的画家。结果这样一算，果真就产生出十五六位之多。我也承认，"八出"的说法不甚科学也未必严格，但终究是个很有中国国情意味的说法。中国在这些问题上，往往是模糊的，但同时又是非常科学的。

另外，对比一下"扬州八怪"与"梅八出"的形成，也应该是很有意思的。青年时期，我曾撰写过一个《扬州八怪》的京剧本，因此对八怪产生的经济与文化背景都有过一定的探究。我曾惊讶地发现，如果没有盐商阶层的形成，那么八怪诸人对于绘画追求上的革新，恐怕也很难实现。是盐商阶层喜欢新派的八怪之画，同时八怪之画问世后，也只有盐商来买。是这样的互动关系，才使得扬州八怪获得产生的足够背景。我曾在自己的京剧本中塑造了一个盐商，他也是一个复杂人物，凶狠时像架子花，失败了就像丑角。今天看来，这样处理就简单化了，盐商是新的生产力与生产关系的代表。我又重新翻阅了扬州八怪的史料，其中写到盐商与类似八怪这样的文人时常一起聚会（也算是雅集吧）——

> 至会期，于园中多设一案，上置笔二、墨一、端砚一、水注一、笺纸四、诗韵一、茶壶一、碗一、果盒茶食盒各一。诗成即发刻，三日内尚可改易重刻，出日遍送城中矣。每会酒肴尽其珍美，一日共诗成矣，请听曲。邀至一厅甚旧，有绿琉璃四，又选老乐工四人至，均没齿秃发。约八九十岁矣，各奏一曲而退。倏忽间命启屏门，门启后二室皆楼，红灯千盏，男女乐各一部，俱十五六岁妙龄矣。

这段文字很漂亮，先听旧的，再看新的。有倾向，有态度，但不偏向。京剧情况亦然。在梅兰芳的青年时期，老东西他见多了，一字一句与一招一式都学得很扎实。但他用于排新戏，有古装的，更有时装的，新旧杂陈，尊古更加爱新。这样的环境，应该是有利于艺术发展的。

再看文人与盐商关系如何。有对立的一面。比如郑板桥不屑于为盐商绘画，说什么好话也求不动他。不料某日他出游，遇到一个卖狗肉的摊贩老者，两人说话投机，于是郑为老者绘画数幅。老者把自己名字道出，请其题款。郑惊，说这不是某著名盐商的名字吗？老者则说，天下重名人甚多，我幼年叫这名字时，那盐商还没出生呢。郑则不疑，为画题了上款。次日，郑又走过那里，见房屋中挂满他昨天的字画，再看来往人物，皆是铜臭不可闻者，郑知道自己被盐商欺骗了。

还有一个与上文意思相反的故事。是说某盐商与朋友正在举行宴会。宴会中要赛诗，盐商无心中说出"柳絮飞来片片红"之句。众人无不大笑。恰值坐在首席的八怪之一金冬心，却诚心要为盐商解围，他声称这是前朝人的诗句，诗是好的，被盐商引用，也不算错误。众人不信，金则信口背诵：廿四桥边廿四风，凭栏犹忆旧江东。夕阳返照桃花渡，柳絮飞来片片红。遂给盐商解围。至于事后盐商要用多少银子去谢金，则不在文章表述范围之内。著名作家汪曾祺就曾以此故事为蓝本，写了一个短篇小说。

梨园人物也有类似的态度。一方面，有奶就是娘，只要给钱多，叫唱什么都行，叫我到哪儿去也都行。这似乎就是上海大亨杜月笙家里建设宗祠完工，到北京来约角儿一呼百应的原因。当然，那次唯一的例外是余叔岩没去，其实也不是真看不起人家。而是专程来北京约角儿的金少山语言不当，惹恼了余叔岩，双方把话说呛了，才留下这巨大的遗憾。

在18世纪的扬州，艺术作品的商品化，比历史任何时期都要严重。郑板桥首当其冲，写出了自己的"润笔价格"：

> 大幅六两，中幅四两，小幅二两。书条、对联一两。扇子，斗方五钱。凡送礼物、食物，总不如白银为妙。公之所送，未必弟之所好也。送现银所中心喜乐，书画俱佳。礼物既属纠缠，赊欠尤为赖账。年老神倦，亦不能陪诸君子作无益语言也。正是：画竹多于买竹钱，画高六尺价三千。任渠话旧论交接，只当秋风过耳边。

把扬州八怪的这些宣言以及措施，都不妨看成是扬州新时期新思维的一种表现。我们再用这样的眼光去审视梅兰芳以及与他同时代的京剧改革，就不难得出新的认识。我们今天的梨园，难道就没有固定的润格吗？你约某团外出，还得单对其中的某名演员付酬——他一场是多少钱，另一位她是多少钱？这，就是过去的单谈。近年，有一种对四大名旦各自的观众群的分析，其中是说梅兰芳拥有了银行界与知识界这两大群体。我以为这就为梅兰芳的奋起，提供了一个很符合时代发展的物质基础。梅兰芳喜欢排演什么戏？他的这些戏又是被哪部分观众所欢迎？应该承认，梅兰芳首先是抓住了时代最有前途的两部分人，所以说他的发达不是偶然的。

　　运用今天的观点，观察梅兰芳的"梅八出"的艺术现象，不知是否应该重新认识这样一个问题：艺术上的求新，不仅需要一定的数量上的保证，而且透过数字还应该向更深的质量探索。八出，究竟是多还是少？我以为刚好。如果咱们国家老一代演员每人有八出，第二代每人有五出，但第二代的人数远远超过前辈，那积累下的数字也就很可观了。记得前些年进京争取梅花奖的青年演员，前提性的条件就有两个：要带传统戏与自己创新戏各一个。一共就两出戏，就能在全国登峰造极，这戏的数字是不是少了一些呢？

第十二章 阴阳颠倒·联想到外馆斜街

中年以后，梅兰芳时常夜不能宁。他会想起一个人来：孟小冬。她离自己已远——先在香港，后去台湾，自己本来也可以丝毫不再念她。可是也怪，这桩断了的姻缘，总也让自己一旦得闲，就总会死灰复燃，又想念起她。真的说不清，当年自己怎么会跟她有那样的一幕——先是同台唱戏，彼此发生好感；随后有人居间说和，讲如果把她收为侧室，则会如何如何；自己默许，居间的人又去那边试探，最后居然成功，于是自己又做了一回丈夫……回忆她在自己身边的时候，分明能感到她的不快乐。她本艺人，也曾很早就去南洋唱戏，甚至比自己去日本还早。后来北上京华，虽不是第一流的名角，但名声却足够大，大到足以与自己分庭抗礼。梨园内外习惯这样讲，说她与我都是阴阳颠倒—— 一同造就了梨园反常的巅峰状态。说她是女扮男，一丝雌音也没有，是千古以来的奇才；再说我的男扮女，也同样不同寻常。但终究唱男旦的不是我一个，而唱坤生的倒只有她最出色，似乎近百年来只独有她才无缺欠……

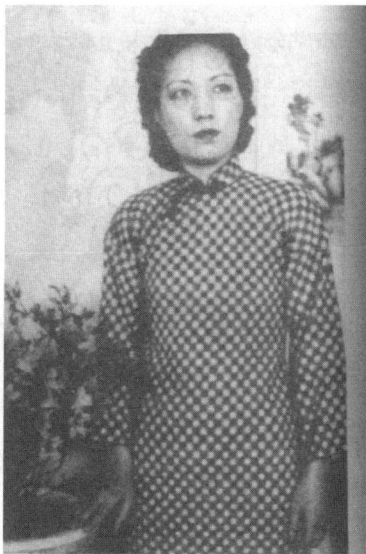

我想世间：只要是人，都不可能是没有缺点的。我们俩当年能走到一起，说明双方还都有诚意。虽然，我发觉她婚后有些不快乐，但以为她那是思念舞台，

▲ 中年孟小冬

思念她那扮演坤生的舞台——我有幸曾与她婚前同过台，似乎还是两次—— 一次是《四郎探母·坐宫》，一次是《游龙戏凤》，我能感觉出那时她在戏台上的欢快，似乎还有些要跟我挑战的意思。我发现，观众也完全感受到这一点，他们希望这样的对垒能够长期共存。当然，我不能怪罪观众，观众看我们的玩意儿，当然允许有人家的看法。我只是说我俩——尤其是我的想法：能够这样在台上对垒，当然也是千古快事，但怎能长久呢？必然迅速成婚，当然一成婚性质就变了，她就再不能当众歌唱，即使想唱，也只能在家对我一人而歌。当然，她只能独自而歌，我就不能奉陪，我怎能再在她的戏中扮演女性，甚至成为她调笑、戏耍的对象了呢？我有时在晚间饭后，独自躺在躺椅之上，默默并远远地望着她，她独站窗前，一站就是很久。其实院子里什么也没有，她与我没话，但我们有了"那关系"，就再也不是舞台上还"没关系"的男女主人公了。这情况很尴尬，我不能排除，她更不能排除。因为婚后的这个家，一切都是由我支付的。她，只是家中的一个小动物，如鸟笼中的那只金丝雀。她很美，但是失去了自由。我懂得她，但是没办法去解救她，难道我能让她重新登台，去对大庭广众下的戏迷重新歌唱吗？我不能。我不能让社会"没话"。如果我答应她出门唱戏，社会则会对我"有话"，甚至是蔑视与斥责了。所以说，我也无奈。

在梅兰芳去美国的日子里，他有一位长亲去世，在北京办丧事。她准备参加，但大太太却没让她进门——这看来是我的大太太做得不合适了，你身为"正"，一切就应该大度些，她已经是"侧"了，内心深处或还有些委屈，也是可以谅解的。当然，"正"恰是深恼我另娶了"侧"，恰巧我又不在，"正"恰能行使她"正"之职权。结果这一来，"侧"更感到了委屈，她或许想到了昔日在台上的风光，她甚至会想——从阴阳颠倒上说，她是可以与我举案齐眉乃至分庭抗礼的。她在这上头很狂，甚至根本没把"正"放在眼里，"侧"是一个完全艺术气质的人，如今怎能反受其辱！咳，全是妇人！而妇人就是妇人，我也无奈。等我从美国回来，发现事情已经无可挽回。那就好来好散吧，自己在上海连续贴了四场戏，上海观众好久没看见我了，戏票卖得也特别好。我拿这笔收入填补了此番出行美国的亏空，又把给她的费用也完结了。于是自此之后，我们行同路人，其间再无瓜葛。虽有遗憾，也是不得已而为之。我想天下之事，自古是难以完美的。罢了啊罢了。我就不回忆了吧。但我无法阻挡喜我爱我的观众，他们总是遇到某些事情的关头，就恰恰要回忆并述说起来，无奈啊无奈！

作者品评

外人与他们(婚姻中人)之立场，是可以也应该完全不一样的。外人从欣赏的角度出发，完全可以赞同拥护梅、孟之间的婚姻，两人真是绝配！前无古人，后无来者。梅兰芳作为四大名旦中的翘楚，孟小冬作为坤生中的骄傲，古往今来都没有第二份。如果他们能够婚姻美满，将来再有个后代——如果是男，就学梅兰芳，继续这男旦的事业；如果是女，那就好好学她妈妈，在唱老生上出人头地。如果生两个——一男一女，那就更美满。这所有的一切，才成就了梨园史上从来没有过的佳话。那，该是多大的"乐儿"啊！诚然，单从看"乐儿"的目的出发，是不会起到好作用的。人家自己结合，是人家自己的事。再说这结合，乃是老老实实地过日子，心地要平静下来，我是夫，你是妻——哦，错了，你不是妻而是妾，这一点是铁定了的事实，你孟小冬是更改不了的。你越是心胸广阔，那你就越痛苦。如果你处事温和服软，小心处置这复杂家庭中的人际关系，那或许还好一些。可孟小冬做不到，所有看过她的戏的观众也做不到！孟是梨园的"冬皇"，比梅兰芳丝毫不差，更何况梅兰芳家里的原配夫人呢？更何况，她还算不得原配，真正的原配是王明华，人家是气不过而去世了的。一个字：惨！所以但凡是看过孟小冬演出的人，就能料定她婚姻生活不可能完满。但这不等于说，当妾的人就不能使自己的婚姻美满，只不过是孟小冬这样的"冬皇"做不到罢了。

我从前谈"谭家菜"时，曾提出过一个"侧室文化"的命题。因为在谭家菜里真正掌勺的人，是男主人的三姨太。是谭老爷子亲自掌握全局，采购外边的母鸡时，谭老爷子会亲自动手，捏一捏母鸡背脊下的肉是否丰厚，但真下厨，则由三姨太亲自动手，老爷子只是从旁看着并指点着。等菜端上桌，得到朋友的夸奖时，三姨太还可以出去谢谢大家赏光。可以推断，如果是大太太，不可能亲自动手伺候外人，这样就太失去谭家官宦人家的身份。如果是七姨太九姨太这样的"小"，跟厨子也就没有什么区别。而三姨太恰巧不太"大"也不过"小"，一切"刚刚好"。既体现主客之间的通家之好，又能帮男主人维持面子更增加收入。所以说，侧室文化还是一门有待探讨的学问。让我出乎意料的是，一次去一个卖谭家菜菜肴的私营饭馆（《谭园》）吃饭。对方出面招呼的有两类人：女性服务员，在他们那儿统称"丫头"；另外单有一位女性"管家"，由她指挥"丫头"上菜。"管家"对我们炫耀他们的菜肴说："我们卖的是谭家菜，谭家，是30年代北京有名有姓的官宦人家。当初这菜，都是谭家的侧室亲自动手做的，有学者把这写进了专著，称之为'侧室文化'……"我一听就笑了，问她知道是谁说的吗？管家语塞。我告诉她，说这话的就是在下我徐某人。她惶恐，赶忙"谢罪"。

　　如今，我要附加一笔最近的发现：前两天应朋友之邀，去北三环南边的"外馆斜街"的一个饭馆吃了次饭。我搬家到北四环稍北已三年多，但极少去北三环。我因那里马路上的坑凹（缺砖）摔过跤，因此"记了仇"，此后出行尽量走北四环而放弃北三环。我为什么如此决断？因为奥运会开幕在即，北四环会越来越好，北三环是前些年主办亚运会时所修，如今业已旧了，国家也不肯再投入人力物力去修理了。这个道理从大处讲并无不对。于是北三环两侧的街道就被我"省略"掉了。但就是前几天，一位刚认识的老总要请客，主要是请著名漫画家丁聪夫妇，我属"作陪"。因为能够见到久已不见的丁老，所以我欣然应允。问吃饭的地点，答曰"外馆斜街"，说是在北三环以南以西。至于饭馆名称，说叫"圣淘沙"，是香港那种的"茶餐厅"。为了见丁老，我早早摸了去，转乘两次公共汽车，又走了一小段路，终于找到这"外馆斜街"与那"圣淘沙"。我路上就想："外馆斜街"的名字颇有意思。所谓"外馆"，与前文所说的"侧室"很接近，加之又是"斜街"，就更值得咀嚼了。敢在这样的地面上开饭馆，老实说，是需要一定胆量与实力的。我预先打听了一下大概位置，就坐车穿经北四环南下，在南三环南边的安外甘水桥下车，往南走几步，再向西拐弯，就进入"外馆斜街"了。我仔细瞅着这远远的外馆斜街，是一条并不狭窄的大道，两边的楼虽不太高，人流来往，却也熙熙攘攘，很有些闹市的样子了。我暗问自己：

北三环沿线怎会有这样的场所？仔细一想，真没什么奇怪的，因为此地办过亚运会，也曾风光过好一阵，至今也有十来年了，大约也接近成熟了。至少，比北四环内外要成熟许多。哦，我也看见"圣淘沙"了，是路北一个浅色的四层楼，店名是几排英文字母，莫非它是某个外国老店的分号？我进其大门，对服务员说是"某总请客"，立刻得到殷勤的招呼。入内，见到了久别的丁老，老人的确是老了，老到不太愿意说话的地步，幸亏沈阿姨还是那么健谈，所以整场饭局还算热闹。饭局结束，我偷问请客的老总：今天是多少？答曰："六个人，八折优惠，还收了八千多。"我暗暗吃惊。不料北三环也能这样宰人……

我离开了北三环。事后还在思考：这个"外馆斜街"有没有出处？因为从观察来说，这儿不像是新的地名。如果是老地名，那么是谁的"外馆"？为什么还是"斜街"？据服务员说，北京市经过修编地名，全市的斜街就剩下两条了，这儿则是其中之一。是吗？能够保持"斜街"名称也同样不易，以后再打听一下它的原委。至少它比北四环外刚刚命名的什么"北一路"或"东二路"要强许多了。著名饭馆不能开在一览无余的地方，应该多拐几个弯，争取曲径通幽则更好。那种太阳光太硬朗太直接的地方，开饭馆则未必好。饭馆同样需要一种静谧，一种境界，一种味道。有了后边这三点，似乎就更佳。看来，我需要修正一下以前的看法了。过去一谈北京的饭馆，就是百年的老字号或者就是国营的大饭店，但如今才认识到，北京吃饭的地方真是太多了，而且变化实在是太大了，这些新萌生的场所，才最符合吃饭审美上的本质。

还回到梅兰芳与孟小冬的阴阳颠倒上来。这是个永恒让一代又一代的读者感到有兴趣的话题。也是他们家人不愿意世人再咬住不放的话题，这些都可以理解。但事情还有另一面：他俩的这些经历，实在不再属于他俩个人的私事，而应该上升到文化层面。阴阳颠倒在文化上的能量很大，同时它更是中国文化最本质的特征之一。这一点在今天不容忽视。处理得不好，会遗留下许多问题与危害；如能恰如其分处理得好了，那就能创造出无尽的东方文化的价值。

我曾在1995年出版的《梅兰芳百年祭》中写过梅兰芳与孟小冬同台演戏之前的四种可能，曾被首都文化界人士称为运用了弗洛伊德的心理学说，认为写得既生动也很有学术价值。下边我简要摘录于下：

第一种是在演出之前，中间的好事者对双方都没有说破，于是梅兰芳与孟小冬都被蒙在鼓里。台下的观众也浑然不知情，只觉得这是一场难得见到的男女演员的合作。比较有特点的地方，无非就是男演员扮演女性角色，女演员扮演男性角色罢了。

第二种是在演出之前，中间的撮合者悄悄告诉给梅兰芳：今天与你同台的这个女子，如果你能看得上，那我们事后就可以给你撮合……梅兰芳听了这话，虽然当时未必表态就赞同，但心里埋了"种子"，等到了台上，遇到那些男女互相调情的地方，就格外要在心底的最深处加以品味……而这些撮合者，则会去台下找一个最佳的座位，去细细琢磨梅兰芳在台上的心理活动，而旁边的那个孟小冬，则始终还被蒙在鼓里。一明一暗，台下的撮合者，感到了莫大的享受。

第三种是在演出之前，撮合者悄悄告诉了孟小冬：今天与你同台的这位梅大爷（你平常不就是这样称呼他的吗），如果你愿意的话，我们也愿意给你撮合，今后"你就是他的人了"，你与他会另有一处住房，你不必和他现在的家产生来往，你只在你未来的家中，与梅大爷两人住着，闲了的话，两人一起吊吊嗓子，或者再合唱几段……如果可能，你俩在一个堂会中登台，一起演一出男欢女爱的戏……你要记住：这些话我们只和你一个人讲；而梅大爷那里，我们可是只字未提……相信这样讲后，孟小冬肯定会思潮汹涌，甚至在舞台演出中，出现个把小错，也是可能的。而那些刚才跟孟小冬讲过话的人，同样待在台下最好的座位里，默默欣赏着这出古往今来还没有过的人间喜剧。

第四种是在演出之前。那些撮合者派出两个人来，分头与梅兰芳及孟小冬谈过，不等他俩"回过神来"，锣鼓就催促他俩上台了。所演剧目是有些情爱场面的，如果是平时，如果是不相干的两个男女演员合演，那也没什么了不起，因为这样的合作司空见惯，根本不会想到其他的方向去。然而今天则不同，并且是大大地不同了——双方各自的性别在舞台上被颠倒，两人并且是全国"被颠倒得最好的人"，而且一旦今天颠倒成功，两人或许又会重新颠倒回原来的性别，今后或还会生活在一起，就以原来的性别共处一生。在戏中那些关乎情爱的关键处，两人既在演自己的戏，同时又不可能没有戏外的流露与探察。这种流露与探察是能迸发火花的，不用锣鼓，不用唱腔，甚至只用一个眼神，向对方扫那么一下——对方就完全理解，并记忆终生了……当然，如果采取了第四种办法的话，演出时的效果会是最反常也最热烈的。观众眼睛里不揉沙子，他们都能觉出今天舞台上的两位角有些异常：怎么在那些地方的表演格外地火或反常地温？他们不会明白其中的深意，但以后等梅兰芳与孟小冬的婚姻成为事实时，他们才会陡然清醒过来，大呼大吼着奔向街道，奔向亲人，奔向其他喜欢戏的朋友，他会告诉他们自己是何等幸福，能够赶上当代戏剧史上最有戏的一幕……他们反复重复着："阴阳颠倒，首先是一种中国特有的文化。"（你甚至可以在它上边打上引号。）阴阳颠倒，重要就重要在文化的层次上，搞好了是能以一当十的。如果坠落到实际操作的层面，那格调就低了，甚至会引发诸多的社会病，至于这，我也就不谈了。

第十三章 "破表没针儿"·不仅是剪除污秽

　　梅兰芳知道，京剧经过一个污秽的阶段。曾经是男人的世界，演戏的是男性，看戏的也是男性，偏偏又遇到了性的饥渴——许多听戏的人长期离开妻子，被迫到外头挣钱，晚上没事，就躲进戏园子听戏——有时遇到性的问题，他们就对号入座；即使遇不到性饥渴，他们便主动上去挂钩。戏班为了生存，就主动应和之，反正台上台下都是老爷们，一切都无所谓，怎么黄色怎么来吧。也就是在梅兰芳学戏前后，京戏戏班在这方面都非常"不得了"。戏班压轴的剧目还比较正经，往往是老生行当主张教化的戏，而中轴以前就必须迎合市场了，必须涉及性，台上演员撒开来演，台下观众撒开来欢迎，呼啦啦台上台下应和成为一片！您如果木然待在一边，没有人搭理你，你没了市场，就等于自己砸了自己的饭碗。

　　最最"性"的剧目我且不说。这里只谈梅兰芳《贵妃醉酒》最原始的表演。您可以设想：一个陡然失了宠的贵妃，被君王扔在了皇宫之内，她喝醉了酒，身边只有两个非常熟悉的太监。她的醉眼望着高力士，她要他（——他？）跟自己进入红罗帐中进行"云雨之事"。她醉眼蒙眬，唱的声音也变了，大概以往皇帝听着是最美的，但皇帝的奴才高力士一听，就简直吓傻了。高力士心想：您是把我当成皇帝了吧？我哪儿能是皇帝呢？第一，他是万岁爷，权威广大，我算个什么玩意儿呢？第二，我跟他还有一个更重要的区别，他是真龙下凡，他更是男人，他有三宫六院七十二嫔妃，就供他一个人使，这样他还绰绰有余。而我呢，而我们呢，我们也能算是男人？准确地说，我们曾是过男人，可如今不是了，即使想是也不敢（更不能）是了。这实在是我们的悲剧！

▲ 梅兰芳在《贵妃醉酒》中饰杨玉环

京剧《贵妃醉酒》每演到这里，贵妃是咄咄逼人，淫荡的眼光摇曳着，而高力士步步退却，他最后实在身后没路了，不得不说了这么句话："娘娘啊，您，您……奴才可是'破表没针儿'，我办不了您的那事儿啦……"每次演到这里，台下都有效果——一片哄笑，甚至连打带闹。据萧(长华)派弟子说，他们师傅最初也这么演过，因为这是祖辈儿上传下来的标准戏词。但萧老陪着梅兰芳演戏，演着演着，萧老就把前边的"破表没针儿"给免除了，萧老至多只说后边的"我办不了你们那事"。不像全词那么强烈，但意思也算"到——了"。据说，直到新中国成立前夕，在北京，在萧老的许多学生演出《醉酒》时，那"破表没针儿"还是要说的。说了也不算错，因为祖辈上就是这么说的。何况您想这道理——那么大的一个皇宫，男性就皇帝一个人，而女性至少也有"三千宠爱"吧——以"三千"来对付"一"，这"一"是够受的，他如果觉得力量不够，他会采取各种各样的提高力量的办法。但无论怎么说，这"三千"对"一"，就是这出《醉酒》当中最大的悲剧。这，想必是任何人也不能否认的。

作者品评

其实梅兰芳在艺术上的创新又何止《贵妃醉酒》，其目的又何止铲除污秽。他的艺术真是多方面的。早年演出《玉堂春·三堂会审》就与众不同，特点就在于剧中刘秉义所穿袍子的颜色上。众所周知，这个人物在戏班中被简称"蓝袍"，就因为其他人物全都穿红。本来从艺术的道理上讲，让他穿蓝是有道理的，所谓"万红当中一点蓝"，他不仅颜色特殊，而且处处与同台人物掣肘，所以越特殊就越引人注目。但梅兰芳这样做也是有道理的，他特别要求春节后的第一场演出，大轴要演《三堂会审》，要求舞台实现"满堂红"取一个吉利。因为春节期间，看戏者都是从过节的气氛中来到剧场，看完戏回家，又重新回到过节的气氛中。那时过节一直要延续到元宵节(正月十五)才算完，所以梅兰芳这一举措，恰恰是尊重了社会大文化的一种措施。

在1955年拍摄的《梅兰芳的舞台艺术》当中，包含着他的全部代表作，也是他对自己一生劳作的慎重总结。上述《贵妃醉酒》属于剪除污秽，但更多的例子则属于锤炼经典。《醉酒》在京剧中原名《醉杨妃》，是康熙时代就经常演出的剧目。梅兰芳这出戏1914年学于路三宝，至20世纪50年代拍摄影片时也已经好几十年了。

其中第二场杨贵妃换了宫装重新上场后，曾一左一右两次卧鱼，表现她很有兴致在看花并嗅花。一左一右是对称的，但当时还有些演员又增加了当中的第三个卧鱼：演法是迅速跑圆场，

▲ 梅兰芳演《贵妃醉酒》舞台照

然后突然卧鱼，动作颇猛，这样演往往能够得好。梅兰芳仔细思考：究竟是两个好还是三个更好？他研究后采取了两次卧鱼的方法，因为这是第二场的一开头，戏还处在铺垫阶段，有两个卧鱼是适当的，那种高速圆场再迅速卧鱼的做法，是伸手向观众要"好儿"，是不符合人物心情的。我以为，这样的改动就比上述的剪除污秽更为重要，它符合梅兰芳一生追求美的理想。梅兰芳采用了 (第)

三，但又对前边的"二"进行了加工。是他还在香港居住的时候，一次偶然看到住所前边的花坛中种植了美丽的花，就不禁弯下腰去闻鲜花。在一旁的朋友见此情形，也笑着对他说："这，多像你在《醉酒》中的嗅花呀……"就是这一句话启发了梅兰芳，他回忆《醉酒》的那一段表演，原先是没有什么心理根据的，只不过老前辈那么演过，后来学的人也只能亦步亦趋。而把嗅花的内涵放入进去，这个动作内在的合理性就有了。同时上一场开头的那段歌唱（"海岛冰轮初转腾"）当中已经写到了月、雁、鱼，这里再通过表演增加上花，这样，花园整体的意境也就完整多了。前边是通过表演，把唱词中的"月"、"雁"、"鱼"几个单项表达出来；后边则是通过虚拟表演，再补充上一个"花"。表现手段不一，但最后围合出一个完整的环境。这，似乎就是梅先生的高明之处。

下边再谈梅先生的《霸王别姬》。剧本是从当初杨小楼与尚小云合作的《楚汉争》（上、下两集）缩减而来，到梅、杨合作时，只剩下九场戏了。九场还是长，在电影中只拍摄了其中的第八场，也就是虞姬自刎的那一场。当年梅、杨合作时，演完这一场观众就起堂，连杨老板后边的"车轮大战"都无心再看了。到梅兰芳拍电影时，演霸王的演员早已换过几位，所以从观众的角度出发，决定只拍摄其中的第八场，也不失为英明之举。在本场中，虞姬出营巡查是一段没有什么太大之"戏"。为什么这么说？只因霸王睡在帐中，

▲ 梅兰芳演《霸王别姬》剑舞

虞姬要出来亲自查看一下军情。她是从光明的帐中走进暗夜的，眼睛需要有一个适应过程。咱们这里就只谈暗夜中的眼睛。也巧，上一本《贵妃醉酒》也是演员在暗夜中走进花园看东西的，也需要用眼睛表达所看到的东西。但《霸王别姬》更有特殊性，她这四句"南梆子"当中的前三句，都是没有确定的目标的，因为陡然从光明处走进黑暗，两眼的视力是模糊的。只有唱到第四句"猛抬头见碧落月色清明"时，眼睛凝望着天上的月亮，这才忽然不费力了，眼睛也特别明亮。梅兰芳在这段唱中，对眼睛的使用与控制，都是非常独到的。再，还可以谈谈《霸王别姬》中的剑舞，这也是这场当中的一个亮点。我打算突然问一个问题：虞姬这段唱是几句？七句呢，还是八句？我手头有许姬传、朱家溍二位为电影写的一本解释性的书，书中附带了剧本。一查，这段唱从"劝君王饮酒听虞歌"开始，到"宽心饮酒宝帐坐"为止，一共七句！我复又查阅了该剧的文字本，则有八句，最后还有一句"再听军情报如何"。但我又查阅了电影本，似乎把这句给抹去了！电影中，前七句唱完，就紧接着演奏 (夜深沉) 牌子，虞姬继续有动作，这段戏很长也很精彩，那最后的第八句的水词实在是没地方插入的。我有这样的联想：或许是导演与梅先生一商量：能否像老戏中的"扫头"那么一扫，就把最后的两句抹去算了？可惜导演吴祖光先生不在了，否则一个电话，这疑问就解决了。京剧，作为古典艺术的尖端，它一方面很死硬，似乎多一分太长，少一分又太短。但在著名艺术家手里，就能发生怎么捏怎么"是"的奇异现象。还比如这段唱的第一句"劝君王饮酒听虞歌"的文字，尤其是最后边的三个字"听虞歌"，虞姬把自己简化成一个"虞"字，就真让人感动得不得了。为什么会如此呢？首先，她年纪要比霸王小许多，平时可以有种种的爱称与昵称，自称一"虞"字，能让我们想出许多戏外的情景。其次，"她"(实为梅兰芳先生)为这句唱词设计了很恰当的身段："劝君王"，到小边面朝项羽抱剑一拜。"饮酒"，左手抱剑面朝前台，以右手做持酒杯的姿势。"听"，右手略一指耳朵。"虞歌"，面向项羽蹲身行礼。这几句唱是这个舞蹈的"起"，下边还要继续发展下去，都十分精彩。限于篇幅，就不再引录了。

　　1955年电影版中，还有梅兰芳的《洛神》一剧，梅之女弟子言慧珠也曾在舞台上扮演过洛神。她请著名戏剧家李健吾看戏，然后请他提意见。李称赞戏很好，只是觉得言扮演的洛神少了一点仙气。言慧珠转而请教梅兰芳，如何才能增加洛神的仙气？梅这样回答说："仙气恐怕是一种修养，你可以揣摩《洛神赋》，可以到博物馆看一看《洛神图》古画，从文字、图画中下功夫研究。另外，洛神下场时对曹子建说：'你我言尽于此，后会有期，殿下千万珍重，小仙告辞了。'这样的离别表情，与常人不一样。要表面淡，心里苦。你按照我这方法去试，或许就能做到李先生说的仙气了。"梅兰芳这里说的，既有原则，也有特定的技术，把二者结合起来，是非常有实效的。

本章最后再来谈谈《宇宙锋》。这是梅兰芳中年以后最为珍爱的一出戏。他在《舞台生活四十年》中曾说："唱到三十岁以后，是越唱越有兴趣，可以说是唱上瘾了。每次出外巡回，我的管事给我派戏码，别的戏随他们派，唯有《宇宙锋》是我指定了要唱几回，好让我自己过过戏瘾。"随后，梅兰芳在讲述人物的处理时，曾明确指出赵女后来要同时间换着表达三种表情：一、面对哑奴提示，她极力去理解，然后困难地做出来；二、面对赵高继续装疯；三、自己是在进退两难之际，表达出非常痛苦的神态。她毕竟是大族中的闺秀，这种局限性把她限制得好苦。当然，在电影中处理这些多重性格，倒是比较方便了：需要突出她性格的哪一面，给一个镜头就说明问题了。所以，研究《宇宙锋》似乎更多地应该从电影版来进行分析了。

在庆祝新中国成立十周年

▲ 梅兰芳在《穆柯寨》中饰穆桂英

的庆典中，梅兰芳演出了他新中国成立后的第一出新戏《穆桂英挂帅》，在这出戏中，他表演技巧的提高有目共睹，这里仅就文字与演技之外的角色安排，介绍一点心得。他自己扮演穆桂英，扮演杨宗保的则是老伙伴姜妙香。梅兰芳与他这位六哥从少年时代就合作扮演这一对英雄夫妇，从《穆柯寨》一直演到《穆天王》、《破洪州》，如今又演到他俩的老年，仅从基本阵容来看，就非常具有号召力。再，梅兰芳的女儿葆玥与儿子葆玖分别学的是老生与青衣，此际名声初起。但在这个戏中，梅兰芳又要他们姐弟重新返回原来的性别，去扮演戏中真的姐弟。这样的人事安排，就给剧本提供了充分的发挥余地。这同样能说明梅兰芳在派戏上就高出俗见一筹，预先保证了演出的成功。

第十四章 "本处出场"·把艺术上升为文化

"没法儿学的大路活儿"

人们习惯用"大气"、"大度"、"大方"来形容梅派艺术。确实,"大"是梅派的一项重要特征。一些兼学了其他流派的旦角演员,在进行了一番比较之后,常常不免在私下感喟:"梅先生不使花腔,不卖绝技,一招一式、一字一腔都像是'大路活儿',可偏又没法儿学——即使技艺上完全达到标准,可也出不了先生的意境和味道。"

什么是"大路活儿"?它似乎应该是简洁、朴素并贴近基础的。京剧艺人从学徒开始,首先接触的就是"大路活儿"。"大路活儿"不单指一招一式、一字一腔,同样也讲刻画人物,不强调学习流派也不截然排斥流派。因为"流派"本身就有两重意义,或者说流派本身就有两种尺度及境界:一种是狭义的流派——常常是因创始者个人的某种天赋而形成的,这样的流派属于小流派,打基础的学生不必学也不能学;还有一种流派,含义则既狭也广——说狭,是因为它同样具有创始者的某些天赋特点,说广,又不受这些天赋所约束,它的内容非常宽绰,如同百川汇海,可以容纳下其他流派、其他行当乃至其他门类艺术所共同包含的艺理,这样的流派就可称为大流派。学生在学艺时一定要注意大流派,既要努力体会、运用其中的艺理,又要防止削足适履,去机械模仿那些创始者的个人天赋所形成的外在东西。每个流派当中都有自己的大流派,旦行绝对是梅,武生行绝对是杨(小楼),老生行似乎是余(叔岩)。这几个大流派放到一起,似乎又是梅才能把各种行当中的艺理全部体现出来。这,大约是梅派之"大"的第一种理由。

还有第二种理由。从历史发展的流程来看,众多艺术对观众的感染程度是不一样的。处于"远古"阶段的艺术，往往"远"胜于"美"，给人多是一种质朴、凝重、厚实（乃至压抑）之感。处于"近古"阶段的艺术，则常常"美"胜于"远"，给人多是灵秀、飘逸、超脱（乃至轻薄）之感。以京剧艺术为例，谭鑫培以及他的前辈（程长庚等人）大约就可算作"远古艺术"。听一听他们的唱腔，何等苍凉古拙，甚至不带人间烟火气；看一看他们的扮相，神情高远，直逼古人。而30年代之后才走红的京剧名伶，大多在新中国成立后也排出多部新戏，或多或少地贴近了现实的"政治"，于是他们的戏，他们的腔儿，他们的程式及心态，都从"远古艺术"趋近了"现代艺术"。独有梅兰芳，顽强地处在"中古艺术"的最佳位置，几十年间几乎没有什么改变。他的艺术给人的感觉是既"远"且"美"，他可以上逼古人，下追今天，因此他的艺术内涵的宽度和广度都是最大的，能够欣赏他的艺术的观众，就人数讲是最多的，就阶层讲是最宽泛的，就时间讲是最长久的。因此他的艺术也就必然是最"大"的。

　　梅兰芳中期以后，在舞台上"演"出来的貌似"大路活儿"，实际上与学生们初学的"大路活儿"并不是一回事，其间经过了一个"否定之否定"的过程，已经有所升华，再一次地返璞归真。这可能是形成梅派之"大"的第三种理由。梨园中说梅派是"没法学的大路活儿"，是站在打基础的阶段上才能有此感喟。我们曾把一些嗓音圆润甜美、扮相端庄大方的女孩子向梅的路上引，使她们年纪轻轻就成为梅派传人，并在社会上有了一定的知名度。她们经常上演梅派剧目（或言仅仅上演梅派剧目），她们是按照梅兰芳晚年的"标定演法"去模拟的，在这上面她们越来越"像"；可是在梅的精魂方面，她们始终不像，甚至越来越不像！反倒是另一些学梅起家的年轻演员，演着演着就离开了初期模拟时期的"大路活儿"，或者兼唱他派剧目，或者自创一格，行至中年时期，一个偶然的好机会使其复归到梅派上来——不是重新去向梅的生理条件所形成的小流派靠拢，而是去努力把握涵养着千秋艺理的大流派的内容。到了这个阶段，就可以取得"有法学的大路活儿"的结论。在这一阶段学得的"大路活儿"，可能是貌神合一，也可能是遗貌取神。这时所学的梅派，则是尽力摒弃小梅派而弘扬大梅派。

静穆而深沉的出场

许姬传先生曾对我讲："梅派最难的就是出场。大青衣从出台帘到台口站定，其间除走路没有动作，没有动作又要表现出人物的气质，演员没有高深的修养是办不到的。"

齐如山先生在其《国剧艺术汇考》中讲道——郑重人员多自本处出场，"什么叫本处呢？是该角色虽然走了不少的步数，可是意思是没有动地方。比方四郎探母，杨延辉初次上场，走至台前念引子，回身再坐下，看他虽然走了许多步，可是意思是一步也未走。其意义是演员走了出来，不是杨延辉走了出来。"（第六册，第3374页）

齐如山先生在书中还提到——京剧中大多不够郑重的人员，多系从他处出场，如《御碑亭》中报子上场所念数板"报报报，喜来到"；有时相当郑重的人员，也能从他处出场，如《武家坡》中薛平贵内唱"一马离了西凉界"。这种从他处出台的人物，都是带"戏"上场，一上场就是自己所饰的那个人物，就带着规定情景和行动目的。从通常意义上讲，这样的出场节奏紧凑，演员心里不空，手中也容易找到"抓挠儿"（比如马鞭），借此把戏演足演满。

而梅兰芳所饰的大青衣角色，当然属于郑重人员，绝大多数是从本处出场。像《甘露寺》中孙尚香自登台至起唱"昔日梁鸿配孟光"之间，就只说明是演员梅兰芳走了出来，一旦起唱，梅兰芳才变成孙尚香了，或者说是梅兰芳与孙尚香才合为一体了。再如梅派剧目《抗金兵》也是同样，梁红玉由八侍女引上，直至起唱"想当年两狼关一场血战"之前，仍然是梅兰芳出台；及至起唱，

▲ 梅兰芳演《抗金兵》，饰梁红玉

人物这才附身。这种例子在传统剧目中很多，于是形成了齐如山的郑重人员多自本处出场的结论。

对此，我们今天可以提出几个问题稍加分析。

一、它是怎么形成的？京剧在近百年的历史中，名伶的分量越来越重，致使对于名伶的出场形式都要特别加以强调。京剧表演中不时有间离效果出现，而像上述几例的郑重人员自本处出场，就造成了时间最长、影响最大的间离效果。

二、这样的出场——这样的间离效果究竟好不好？我说：不好，也好。说不好，是因为它使剧情中断过长，使戏内蕴的"气"折了；说也好，是给主要演员出了一道难题，必须在这个困难得几乎无法表演的几个台步中拢住观众的神。

三、梅兰芳是怎么出场的，其内心根据和外部形式又是怎样的？这问题大约任凭是谁也无法正面回答。我征询了几位梅派传人的意见，并加以综合归纳——出台时虽已上装，虽已负载着已经行进至此处的规定情景，但不必排斥观众对自己上场时所报予的掌声（那掌声是报予演员的，甚至是报予梅派艺术乃至梅先生的）。及至在九龙口站定亮相，就要稳定情绪，逐步脱离演员的自我意识而向角色过渡——等到了在台口起唱的一刹那，自己就要完全投身进入那个想象中的人物的躯壳之中，用"她"（或孙尚香，或梁红玉）的感觉和心态去演唱。至于演员修养云云，几位梅派传人说法不尽相同。一位讲："梅派戏大方，有气派，梅派演员平素加强修养，也要成为大大方方，有涵养有气魄的人。至于平时修养对上台的这几步有什么影响，我说不出来，也感觉不到，大约更没有做出来。"另一位讲："还是能做出来的。平日修养可以增加对角色的理解，更可以增强对演员心理节奏的控制。由于后面这一点，我在由上台到九龙口站定亮相，再走到台口起唱的两个过程中，就靠修养把握自己的情绪，并完成由演员向角色的过渡……"

四、为什么新编历史剧中很少采用这种郑重人员多自本处出场的手法？原因很多，一种是误解——把这种手法误解为不科学的，尤其是在50年代，戏曲战线着意学习苏联，曾把斯坦尼体系奉为正统的时候。到了"文革"时期的"样板戏"，这种手法被彻底摒弃，倒不是由于学术观点方面的缘故，而完全是为了政治上的需要。那时候英雄人物出场，都是安排好一个空前尖锐的矛盾环境，俟一出场就带着"戏",而且三下五除二地就排解了矛盾;另一种原因是畏难,新中国成立后京剧界没能涌现超级大角儿,而一般演员最怕这种"由本处出场",于是开始了恶性循环——因为本领和名声不够,废弃了"郑重人员由本处出场",又因废弃种种类似"本处出场"这样最能锻炼演员的手段,使得其名声和本领愈来愈低……

"平均分"与"不多给"

记得我曾在新中国成立前的报刊上见到一张题为"四大名旦分项技能"的调查表格。所谓"分项技能",包括"扮相"、"唱腔"、"表演"、"武打"、"念白"、"台风"等等。所谓"调查",是在偶然圈定的一部分观众中征求意见并请其打分。四大名旦各项得分都在八十几分至九十几分之间。得"扮相"最高分的是梅兰芳,"唱腔"第一名是程砚秋,"武打"皇冠为尚小云所得,而"念白"高手则为荀慧生。虽然单项上各有千秋,然而一算平均分,梅则高出其他三位许多,当然列为榜首。因为他在其余几项多居第二名,且分数距第一名很近,这是梅的不容忽视的优势。

然而与此形成对比的是,梅在每一戏或每一场中施展技艺时,又从来采取貌似悭吝的"不多给"态度。在"唱"、"念"、"做"、"打"四项中,梅的唱功戏居多。但梅的歌唱又与程、尚、荀的重心不同。程唱得极为讲究、深刻,常常使观众产生一种将全部身心沉潜于内还无法把握的崇敬之感;尚唱得火炽热烈,天赋的一条好嗓子,如竹筒倒豆子,痛快淋漓,由性儿挥洒;荀嗓音欠佳,但唱得极为俏皮,往往在关键处能掀起狂潮……梅唱的是什么,又是怎么唱的呢?一出《宇宙锋》,全部唱词加起来才三十二句;一出《贵妃醉酒》,只用了一种四平调板式;一出《奇双会》,用的又只是"吹腔"——梅不是嗓子不好,梅不是唱法不讲究,梅不是不想在大段成套的唱腔中倾泻自己的感情,这些,在梅的早年和中年时就已成功地实现和完成了。中年之后,梅的歌唱是着重唱情绪,唱性格,唱笼罩在情绪和性格之上的文化氛围。最典型的例子莫过于《游园惊梦》,

拍此剧电影时梅已六十几岁，扮相、身段、嗓音均赶不上当年，唯独修养不是当年可比，所以通过"步步娇"、"皂罗袍"和"山坡羊"这三支曲子，真把汤显祖造出来的那个意境勾画得出神入化，尽管在演出过程中肯定得不到一次彩声。梅先生在唱上的"不多给"，主要就是绝不主动光要彩声；相反，对那种得不到彩声的文化氛围，梅先生则采取了轻施细舍、积少成多的"多给"的态度。 再一个"不多给"的例子，就是把"打"坚决地逐出《穆桂英挂帅》的果敢行动。本来，处在为建国十周年献礼的政治氛围中，同时又处在万目仰观梅派艺术的文化氛围里，《穆》剧在"唱"、"念"、"做"方面已有突出成就的前提下，倘若在结尾再稍许增加开打，梅就不难获得一个"集大成"的桂冠。这桂冠落到梅的头上，偏偏又是当时的政治、文化氛围所求之不得的。可梅经过深思熟虑，毅然摒去了开打，甚至从讨论剧本时起，他就一直提出要"减唱"。通过最后舞台实践的结果来看，梅是以少含多达到以少胜多的。"九锤半"的那一段捧印独舞，成为京剧里程碑式的千秋佳构；"难道我就无有爱国爱民一片忠心"——仅这一句唱词，梅却唱出了无比丰厚的内涵。梅仍然坚持"不多给"，但"平均分"仍然很高。

二胡与加速度

从清末民初直到如今，京剧的各个方面都变化很大。以乐队来说，梅兰芳1923年在排演《西施》时，为了丰富乐队的音色，经过反复的调试，决定增加进一把二胡。当时对于这一出新戏来说，增加二胡只是一个很小的改革，梅兰芳未必没有"试一试"的心情，他怎么会想到这一改动马上就被肯定下来，直到六十多年后的今天，仍然毫无愧色地在京剧乐队中占据着相当重要的一席。

梅兰芳一生当中，确有许许多多类似增加二胡这样似小实大的改革例子。他改旧戏或是排新戏，变动总是一次只来一点儿，而且每次都抱着"试一试"的态度——如果观众欢迎，就肯定下来；如果观众提出异议，就不妨暂时放弃。表面上看，梅兰芳改革的加速度不算大——他从没有在某一天某一出戏中，让

▲ 梅兰芳携子葆琪在寓所院中
练习《西施》舞姿

▲ 梅兰芳携子葆琪在寓所院中
练习《西施》舞姿

熟悉自己的观众看到一个面目全新的梅兰芳；但是这加速度却长期保持着，不显山不露水地一点点儿加大。梅兰芳早年从唱开锣戏开始，戏码一点点儿往后挪；成名后虽然长期唱大轴，但仍是一点点地在自己的改革之路上面往前举步。这样的"大"才是真"大"，才是稳健的"大"，才是准确的"大"。

把艺术上升为文化

梅兰芳中年以后几乎不再排演新戏，几乎把全部精力都放在加工锤炼那几出脍炙人口的梅派剧目之上。他晚年经常演出的《宇宙锋》、《贵妃醉酒》、《奇双会》和《霸王别姬》，每一出之前都需要垫戏，然而谁能说它们不是大戏！大在哪里？并不在于人物的身份地位，更不在于自己扮相的雍容华贵。恰巧相反，梅兰芳则是把这一批不大人物心中的不小矛盾，很艺术（甚至是很京剧化）地美化和深化了。这样一来,梅的加速度就紧紧落实在艺术(甚至是京剧)上,并且把它们之中本来缺少文化背景,或者达不到文化水平的东西全都上升为文化。这四出戏的主人公都是俗文学中的传说人物,从来沾不上纯文学的边;然而经梅兰芳这一演——人物获得了生命,并且与中国的历史文化发生了真实的联系,于是引得中国和世界高层文化人士观看之后,都不得不确认它们已当之无愧地成为中国传统文化的一部分,换句话说,是梅兰芳的艺术丰富了中国的传统文化。在通常的情形下,世界上无论哪个国家,都是文化制约并决定着艺术,文化的范围大而且档次高,主动性也强。偏偏梅兰芳这里,居然就用艺术反作用文化——不仅补充了文化的欠缺和不足,而且发出独特的亮色。梅兰芳之"大",恐怕首先就"大"在这里。

若问梅兰芳为何能够独具慧眼和独肩重任,恐怕就不能不归功于其智囊团为他造就的那个范围小小、实质性却是大大的文化氛围了。梅兰芳的起步本来与其他名伶并无二致——一样勤奋练功、一样获得欢迎、一样被戏迷所崇拜……然而就在每个"下一步路向何处去"的关键时刻,一群具有文化眼光的各界人物把梅兰芳友好地"包围"住了,他们成了梅的智囊团。自此以后,梅表面上依旧得练功唱戏,依旧得躬身应酬各个有势力的社会阶层;但暗中却起了变化,他虽然没有时间去看书,但他是身处一群看书懂书的人之中,天长日久,熏也把梅兰芳熏出来了,梅变得有文化气息,他的戏也变得有文化气息,同时他随时随地追求着更高

▲ 梅兰芳在苏联拍摄《虹霓关》电影片段,导演为爱森斯坦(中)

境界的文化气息。为此，梅始有访日、访美、访苏之行，始有接待萧伯纳、泰戈尔之举，始有与卓别林、斯坦尼斯拉夫斯基、爱森斯坦进行艺术交流的愿望与可能。大约正是这个原因，就使那些文化修养良好的观众，感到梅兰芳表演时一面负载着中国整个的传统文化，同时又确能举重若轻——会觉得这一个水袖犹如"吴带当风"，那一个指法好像龙门石刻。正是这个"进入文化"的表演特征，梅兰芳超过了前辈及同辈的名伶，更把诸多正在妙龄的优秀女弟子甩到了后边，《贵妃醉酒》和《霸王别姬》一类剧目才能在世界艺坛上，成为"中国文化"的代名词。

第十五章 因何怅惘 · "大李杜"今安在

梅兰芳也不明白，自己新中国成立后总会在隐隐之间感到怅惘。按说，真不该再有什么不满意了。从个人的名誉地位讲，都远远超过了前半生。梨园的整体状况也很好，孩子们幼小就有学上，进了戏曲学校仍然读书。等再进入剧团，生活上有保障，吃穿不愁，还求个什么呢？梅兰芳自己也搞不清楚，这怅惘来自何方？

他仔细分析过，现实中不让人满意的事还有，但比新中国成立前可要少得太多。更何况今天自己高位在上，有了这样一个"两院院长"的名义，再加上中国文联、中国剧协等的那些闲职，还能有什么不满意呢？

尽管梅兰芳不断这样提醒甚至是告诫自己，但心中的隐忧却有增无减。最后的最后，他算是明白了原因：总觉得今天梨园的这拨中青年，有些接不上这辈老人的班。老人指谁？在梅兰芳心中，自己是不敢称"老"的，自己年幼之时，接触的老人实在太多。远的不说，就讲同台合作唱过戏的就有：伶界大王谭鑫培、武生泰斗杨小楼，至于年龄长于自己的，就比比皆是了。就说谭大王吧，自己接触他时他实际已经很老啦，但只要他一上台，精神头儿就上来，而且聪明劲就更是有增无减。他是过来人，生活的艰苦自不待言，等生活不艰苦了，他依然还是惦记着从前，有些来得太容易的钱，他拿着也总觉得不踏实。比如刚开始灌唱片的时候，人家通过中间人把酬劳拿到自己面前，他竟然迟疑得说不出话！他想，自己不就是唱了那么两三个段子，就权当在家中吊嗓子吧。敢情——，吊嗓子也能吊出这么多的钱来。于是，他认真向身边的人讲："拿人家这么多的钱，合适吗？"身边的人告诉自己，唱片公司给了您这么多，他还有赚！谭半信半疑，反复说"以后再不能这么拿钱了"。身边的人听了暗笑，等下一回灌过唱片把酬劳再拿到谭大王跟前时，这身边的人预先就扣除了一半，只把另一半给谭。不料谭接到这一半，心中反而满意，脸上充满笑容，连说："这就好，这就好。"梅兰芳回想着前辈们的旧事，缅怀着他们艺术及做人上的风范。谭老爷子年轻时活动在城乡接合部，经常每晚都带戏班子要转两三个村庄。往往是第一个村子演完，还只是前半夜，他立刻让戏班的人跟他转移前往第二个村子。戏班的人觉得累了，说什么也不愿意动身。谭无奈，就说："那今晚就在这村歇了吧。"众人高兴，谭就去叫一户人家的门，说自己是戏班的，准备借宿。门里是个妇女回答，说自己的男人外出，留宿不方便。谭则回答："要的就是这不方便……"门里恼怒，立刻敲起一个铜脸盆，"当当当……"，全村人都被惊醒，立刻吵吵地起来要"捉坏人"。谭鑫培大叫"不好"，立刻带着戏班朝着下一个演出地点而去。结果，等到了下一个村庄，那里为演戏做准备的事，才刚刚开始。谭鑫培抹了抹头上的汗，对大家说："看来，这就是咱们的命，今天的第二场就在这儿唱吧……"再，谭老爷子会武功，给地主老财干过看家护院的差事。当然，他可不是《打渔杀家》中的教师爷，完全是正面人物。有了这武功，他拿进戏里就好看了，《翠屏山》里他就用尽了六合刀。等他进了城市，依然不忘自己的武功，每年春天他都参加城市居民的游乐活动——"马会"，他自己站在飞奔着的马的马背上，招手向四周的群众致意。群众给他喝彩，他点点头，算是回报。这些活动是没有报酬的，他也全知道，他是自己要去参加的，而北京的群众也知道他会参加，因此去马会看他表演的人也特别多。谭老爷子知道自己究竟是干什么的，所以他一辈子活得特别明白，什么时候该干什么，什么时候不该干什么，他心里都有底。至于他钻研了一辈子的戏，其实也像是顺手给"带"出来的。他真是不经意间，一不留神，就把演技锤炼成这般境地。

回忆过谭老爷子，梅兰芳又想起如同叔叔大爷一般的杨老板，他是整个武生界的泰斗，空前绝后，再没人能跟他比拟。自己小的时候与他住街坊，一道墙壁分隔着两家人。自己小时候上学受同学欺负，于是就哭着闹着不肯去。杨老板进了我们院，对我的大人说："交给我了。"说着把我的身子一提，就搁在了他的肩膀上。等我坐好，他就出了门，说声"咱们玩去啦"，就上了街。他上街后左弯右拐，从我们小学的另一头进入了学校。等我刚发现，他已经进了学校的院。他找到我们班那几个欺负我的同学，厉色喝道："你们几个给我听好了，谁要敢再欺负他，小心我放学时候在门口等着你们！"那几个面面相觑，都吐着舌头，再不敢逞强了。杨老板喜欢交朋友。有朋友找他聊天，说着说着到了吃饭的点。朋友要告辞，杨老板一把拉住："在我这儿吃家常便饭——饺子！"于是朋友留下，一起吃饭。杨老板在前边帮着铺桌子，掰蒜，拿醋。后边的女眷就把煮好的饺子一盘盘地端了出来。听说杨老板吃完一盘，把空盘递了回去："问问后边，我吃饱了没有？"这是顺口说出的话，但又是真诚的话，因为他满心都是戏里戏外的事，对生活琐事反而不关心甚至是不知道了。再说杨老板也没有私生活中让他烦心的事。当然只要是个人，谁又能没私心呢？就说《霸王别姬》这出戏，最初是杨老板提携尚小云演的，一共两本。后来齐先生看了，觉得也适合我梅兰芳，就改成为一本。请杨老板与我排演了，一演，还挺红的。最初排名是杨与梅，并挂。我自刎之后，戏还有老长的一大截，霸王要在乌江旁边车轮大战。可这戏演来演去，不想就变成了我的戏。只要我一自刎，观众就纷纷起堂，人家可不再看了，觉得正戏已经完了。杨老板看见这一幕，心中实在很无奈。心说："兰芳的人缘真好啊，我也比不了，看来这出戏——今后我实在是没法唱了。"我也无奈，此后再演这出，戏就只能结束在我自刎的时候啦。还继续说杨老板。他个子高，一出台站在舞台中间，顶天立地，真是没挡。他的嗓子也如鹤唳九天，高的没办法。他的动作，有很多都是即兴的，一出来就是神品，没有第二番，想再现都不可能。谁知他来第二回时又变了样，又成为第二个神品。关于他的嗓子，还有一段故事：据说出科之后，一度喑哑失声，他就把自己封闭在小房间中，用纸把四壁糊得严严实实，密不通风。自己每天早晨去一个大庙练功，晚间则去戏园子看戏，经过一年半载，嗓子忽然出来了，再经过名师调教，这嗓子不仅好听，而且非常入味……

　　梅兰芳想过这些，他有一个最深而且又有所不解的感慨：无论是谭鑫培或杨小楼，他们的做人与做艺都是统一的，都是自然而然形成的，他们用了很大的工夫，但给人的感觉却是不累，是老天爷让他们成就如此大的功业的。甚至可以说，他们前无古人并后无来者。他们是一个历史阶段的集大成者，是业已过去了的历史阶段所树立起来的丰碑。梅兰芳感觉到，自己能够有幸在青年时期得以与他们同台，乃是自己一生最大的幸运。没有这些经历，自己是成不了后来的成就的。

回忆过前辈，梅兰芳再看今天的学生弟子，就有些不满足了。今天学戏的青年条件多么好。首先是有学上，衣食无愁，政府帮着你们成名，给你们铺平了前进的道路。如果还认为有阻碍，政府也会帮你们铲除之。可是——这"可是"之后的话，就让梅兰芳不好说了。为什么今天（新中国成立后）的戏曲青年成不了艺术大家呢？他们一个个，身体好也精力充足，政治上也要求进步，其中有些还担当了这样那样的行政职务。说到他们舞台上的玩意儿，我只能说其中有些还过得去，但绝对比不了前辈。可我们这个时代，是早就超过了从前许多许多的。为什么我们今天的人（戏曲后辈）却超不过前辈呢？

梅兰芳困惑起来，他想了许久，始终也没能想清楚。

作者品评

作者在这里要引入两个名词："大李杜"与"小李杜"。其中"大李杜"中的"李"，指的是唐朝诗人李白；其中的"杜"，则指的是唐朝诗人杜甫。但"小李杜"中的"李"与"杜"，则指的是晚唐诗人中的李商隐与杜牧。他俩同样是姓"李"与"杜"，论才情也不输于李白、杜甫多少，但名字背后的才气与影响，却比盛唐时期的那二位同姓的诗人要逊色许多，要逊色许多又许多！这，究竟是什么缘故？

我以为，毛病就出在这两组四位诗人所处的不同年代之上。李白、杜甫处在盛唐，诗歌恰是发展飞扬的年代。他们的作品，都是大题目，前者如《蜀道难》、《行路难》或《将进酒》；后者如《兵车行》、《丽人行》或《哀王孙》，这题目就值得大做特做，而不在于其中吟出了多少名句。而李商隐、杜牧所处的晚唐时期，诗歌业已衰落，尤其是其中的七律与五律。小李杜还有一些名句流传后世，但不像大李杜那样从作品题材上就开掘了时代的深意，与小李杜同时代的一些文人还多少转向了"词"之新文体的研究与写作，如果说他的这些努力对于开创下一个宋词时代的真正到来有辅助的话，我以为是恰当的。但无须说明的是，后边这二位姓"李"及"杜"的诗人，其名字其影响其地位，要想与盛唐时期的那二位相比，根本不在一个层面之上。正是因为如此，历史上的诗歌爱好者与研究家，才把盛唐时期的二位称为"大李杜"，随后又把晚唐时期的两位同姓人，称为了"小李杜"。应该承认，李白、杜甫二位本来并没有想与后代两位同姓的较量一番高下，是这四位的姓氏两两对位，才让这样的比较学自己钻了出来。真是没办法呀。

梅兰芳肯定听说过李白杜甫，也许又从与他熟悉的一些文人处，听到"大李杜"与"小李杜"这两个名词。梅先生无暇对这"四人两组"的文学成就与历史评定做更深一步的研究，但他处在他那个位置，不会不对这样的文化现象感兴趣。我们今天谈这个问题，可以认为是历史时代惹的祸。唐诗在盛唐时期，刚巧是最佳时期，民众参与，皇家参与，因此诗人的一举一动都受到社会关注。而诗人们在文体上的创新，也及时受到最肯定的追捧。追捧沉淀下来，也就融进了历史。等时间来到晚唐，国家遇到了麻烦，无论君主还是百姓，都不再把诗歌当成为什么大事。况且李白、杜甫的天才创造，也让七律、五律这两种最艰难又最基本的诗歌形式，几乎走到了尽头。尽管李商隐、杜牧二人富于才华，但要想在这两种形式上超过前人，恐怕也是吃力不讨好的，于是，他俩与同时代的文人们精力他移，做其他体裁的探索去了。

如果梅兰芳生前听到这样一些来自朋友圈子的折射性的反映，估计他会为梨园的新生代发愁的。为什么至今只有众多的"小李杜"，而再没有"大李杜"横空出世呢？显然，再现这种盛景太不容易了。像谭老爷子、杨老板这样的天才，能够一二百年出现一位，就已经是京剧之大幸了。他俩似乎不是人为着培养出来，而是天时地利人和几方面的因素都凑到一起，他们自己再一努力，于是就任何东西没法阻挡，自己就冒出来了。今天呢？这样的人才未必没有，但阻挡人才冒出来的因素太多太多。他（他们）生在何方，学习过没有？（这还包括政治、经济、文化诸多方面）？京城中是否有人，这人是否愿意充分支持他（他们）？他（他们）是否能够抵御各方面的不良引诱，会不会中途就败落下去？在政治起落的大潮流中，在各种艺术思潮的尖锐碰撞中，在个人命运的七弯八拐中，他们能否始终走尽可能直的路，最后成为我们事业的可靠接班人？梅兰芳为此想过很久，他希望现实中出现奇迹，但他始终也没发现能够抵御各种压抑而自身冒尖之人。今天的大李杜，你究竟在哪儿呢？梅兰芳似乎面对那茫茫的原野呼喊起来。

下边，我打算抄录翁偶虹先生几十年前写的《杨小楼的唱功》文章中的片段，来印证我前面的观点。因为翁先生是杨小楼艺术巅峰状态的见证者，加之他记忆力强并文笔优美，所以引录若干，可以使读者更能得到一些艺术实感。

1923 年 5 月 27 日，杨小楼在开明戏院演出了《黄鹤楼》带《芦花荡》，扮演前赵云及后张飞。该戏由贯大元扮演刘备，德珺如扮演周瑜，钱金福扮演前张飞（正巧与杨小楼角色互换），李鸣玉扮演诸葛亮。前辈有朱琴心的《花田错》、许德义的《收关胜》、吴彩霞的《彩楼配》。《芦花荡》本来是花脸行常演的节目，钱金福素来拿手。此次却为杨老板配演前张飞，可称是全力辅佐。不过，后来此戏变成两种演法并存：一派是昆曲正宗，以唱领做，以唱驭打；一派是突出武工，不重曲子，"起霸"一场，"飞脚"、"射雁"、"铁门槛"等技术，五花八门，卖弄功夫，而到张嘴上笛时，则低哑不清，泣不成声。杨小楼演张飞，纯宗昆曲原型，既有稳重凝练而又脆率便捷的武功，又满宫满调地唱出全套（斗鹌鹑）曲子，配合身段，招招真实，式式优美。最吸引人的是那支（调笑令）上板的曲子，他把一套矛对枪的把子，有板有眼地表演在张飞戏耍周瑜的喜剧气氛之中，假如不是唱得字字真实、句句圆熟，怎么能有这样的效果？

杨小楼唱这支曲子，从"你且听着"叫起（帽儿头）锣鼓，顶板即唱："奉军师令，咱；奉军师令，咱。将人马掩在芦花，哎呀！"起（抽头），与周瑜一过合，两过合，打"幺二三"，再接唱"只听得呐喊摇旗打战杀，向垓心也念个偷骏马，吱吱地咬碎了钢牙呀"，又叫起"抽头"，一过合，两过合，再接唱"哦呵呵，怎！怎在那黄鹤楼上，把俺的大哥哥谋害煞，某今日到此"加"孔匡扎"锣鼓，再唱"活……拿"，又叫起（抽头），一过合，两过合，再接唱"哦呵呵，掀住了青铜铠甲；扯！（此处有身段，衬以'仓个令仓'锣鼓）"扯碎了玉带菱花，只见他，盔缨歪斜力困乏，在"乏"字上起"仓个另仓"锣鼓，然后接念："得！周瑜（一锣），你的武艺也不精！（这几个字都在板上）"紧接唱"枪刀也不见佳"！再起（抽头），一过合，两过合，（抽头），一过合，两过合，（抽头）住，接念"也不用刀来砍！（一锣）鞭来打！（一锣）"接唱"哦呵呵，只！只俺这丈八矛刺得你满身麻"，用"仓个另仓"锣鼓切住，周瑜盖住张飞的矛，念："张飞！你当真当假？"张飞起"三啸叫子"。这是杨小楼最精彩、最独特的声腔之美。这个"三啸叫子"是从"咦唏唏"起，接着就是一个长达一分钟之久的、音阶一层高似一层的翻着啸的"哇呀呀"，在啸的同时，绕走大"圆场"，其声如鹤唳高寒、龙吟霄九，绝非妄加比拟。张飞的"哇呀呀"打完后，叫起（抽头），再一过合，两过合，接唱"哦呵呵，怎！怎道俺休当真"，唱完后紧加一句白："看枪！"又接唱"哦呵呵。俺！俺也不是假！怎在那黄鹤楼上痛饮醉喧哗，休，休，休，休当俺沉醉染黄沙"。煞板唱住，起堂鼓打（急急风），自己才展开一套较为繁重的"起打"。把周瑜打下马来，擒而又放，完成了"三气周瑜"的主题。这是一个喜剧，张飞又是个喜剧人物，剧作者从这个角度编写剧本，不需要张飞像《战马超》那样的殊死搏斗，所以把干戈初接的气氛，驾驭在上板的"调笑令"中，以唱为主，突出戏耍周瑜的"戏"字。尽管曲中词句，稍逊文采，而本色语多，效果强烈。这是剧本赋予演员的任务，也是剧本对于演员的期望。杨小楼忠实履行了他的艺术使命，把这支曲子确确凿凿地唱出来。同时，面部的表情，手里的"把子"，随着曲调的意境而变化运用，达到了武打喜剧的高潮。在我生平所看到的《芦花荡》张飞一角，杨小楼的表演，堪称第一。当然，钱金福的工架气魄，有时还高于杨小楼，但钱金福嗓音沉闷，缺少"立音"，虽然也是满宫满调的唱，而限于天赋，吐字不劲，在所难免。唯有杨小楼，把他那昆曲功夫，全力以赴地运用在这出戏里，怎不令人击节，叹为观止！我有幸地得饱眼福，特标此剧，分享同道。同时也借助此剧，说明杨小楼的唱功，不论皮黄、昆曲，都能达到声腔艺术的高峰，完成唱功艺术的最高任务。

我承认：第一，杨小楼的这段表演，具有"绝唱"的价值。它有雄厚的史料价值，把一出几乎失传的戏叙说得如此清晰。第二，翁先生的记忆力确实非凡，他写作时已过古稀，还能对半世纪前的演出历历在目。第三，它把俗文学样式的京剧艺术之唱歌、念、做、打四结合的形式，描述得如此清晰。有这三条，翁先生对梨园史料的功绩大焉。最后再回到梅兰芳对"'大李杜'今安在"的感慨上来。我们所期望的"大李杜"，似乎就是翁文所记忆所提倡的这种原生态的价值，而绝对不是"半中半洋"的庞杂形态。

第十六章 新戏如旧·用心良苦

从 1958 年开始，梅兰芳与尚小云、荀慧生三大名旦就开始准备以什么新戏来庆祝中华人民共和国成立十周年的事情了。他们当中年纪最小的程砚秋，此前业已去世。缺了他那独特的声音，让他们三个长兄都有些悲哀。尚小云动手早，拿出新戏《双阳公主》；随着，荀慧生把早期名剧《荀灌娘》修编打磨，也上演了。这一来，就剩下了梅兰芳还迟迟未动。其实，梅兰芳的案头早就摆放着一个剧本《龙女牧羊》，神话故事戏，梅兰芳扮演龙女，那小生自然是姜妙香扮演了。并且剧本是中国京剧院的资深编剧范钧宏、吕瑞明的力作，是剧院党组再三讨论过的。最后，只等着梅兰芳拍板了。但梅兰芳心里总觉得有些"不对"，觉得这个戏与建国十周年有些搭不上界。是这样的感觉使他迟迟没有下决心。最后，一切事出偶然，别人又给梅兰芳提供了一个新本子《穆桂英挂帅》，是根据同名豫剧改编的，豫剧的主演是河南的马金凤，她是河南五大名旦之一，长年驻扎在洛阳。马也是梅兰芳的弟子，她这个戏梅兰芳早就看过，脑子里有印象，觉得豫剧演着很不错。但也恰恰如此，豫剧越是"很不错"，自己拿过来也就越麻烦。因为马金凤早就唱红了，你京剧还能唱出什么特点呢？更有一条，京剧是梅兰芳演的，梅兰芳岁数和影响都超过了马金凤，京剧的特点从何发挥呢？梅兰芳记起来，马金凤在此戏中是很能唱的，她抱着帅印一唱，就唱了一百多句。这一百多句分成了几个段落，历数杨家将的英雄业绩，一段又一段，每一段的结尾，就是一个长长的拖腔。每个拖腔结束，就是动天撼地的掌声了。马金凤真是能啊，没有她这么能唱的人了，还听说她在基层一天演出两三场，每场都这么掏力气，这真是别的剧种学也没法学的呀……

显然，让京剧踩着豫剧的脚印去演《穆桂英挂帅》不是简易可行的，更不是容易得好的。但梅兰芳认准了一条：这个戏的主题好，在宋王朝亏欠杨家将的大前提下，她穆桂英以大局为重，毅然挂帅，带队出征，保卫了民族与国家的统一。在几经思考之后，梅兰芳拍板了，就是它《穆桂英挂帅》了。

他的单位（主要是中国京剧院）也非常赞同梅兰芳的这一决断。本打算全力支持梅兰芳，要多少钱给多少钱，要多少人给多少人。因为可以这样想：梅兰芳新中国成立后还没有排演过自己的新戏，如今又是为了建国十周年准备新戏，那么拿出来之后，一定是有反响的，一定是有很多经验的，如果所在单位不出力，那可是说不过去的呀。

不料，梅兰芳决定先在他自己的梅剧团试演。很客气，说先试一试，如果反映不错了，中国京剧院作为班底再上不迟。既然梅先生这样讲了，任何人都不能拒绝，只能依照梅先生讲的办法去做了。

梅剧团虽小，却也五脏俱全。梅兰芳自己找了编剧，是两位女同志。她俩认真改了本子，梅先生拿在手里，认真地推敲起来。比如，这儿有穆桂英的四句散板：

二十年抛甲胄未临战阵，
穆桂英为保国再度出征。
一家人闻边报雄心振奋，
难道我就无有保家卫国的一片忠心？

这四句唱是安排穆桂英是否接受朝廷给予的帅印时唱的，唱的是她内心的思想矛盾。梅兰芳仔细掂量着这四句唱词。意思是不错，但问题是太顺溜了一些。难道唱词"顺溜"了还是缺点？问题是太顺溜了就难以实现梅兰芳准备在其中插入舞蹈的设想。梅兰芳知道，京剧不适合像豫剧那样一唱就唱上一百多句，同时从自己的岁数与习惯出发，那么唱更是不适合的。但马金凤那么唱了，并且唱得很成功了，我如今准备移植，就需要找其他艺术手段去取代她的唱——

如果这上头准确了并且成功了，才谈得到我的移植有成绩。否则我还不如另外单搞一个戏呢！梅兰芳刚接到改本时，就确定了在这场加入舞蹈，用舞蹈代替演唱去抒发人物的心情。这四句唱在词意上不错，问题就是没有留足安排舞蹈的空间。太顺溜了，也就没有插入舞蹈的空间了，所以它不行，还不能被通过。按照常规，主演不满意编剧写的唱词，发回去重新写嘛。可以重新再写几遍，等词意准确了再拿回来推敲——这样做，已经是戏班中的惯例。一般的主演都可以这样做，更何况梅兰芳呢？可梅兰芳偏偏就没有这样做。他把这四句唱词拿在手里，反复掂量。忽然，他发现了改动的方案，把其中的一、三两句的位置进行调动，舞蹈的空间也就出现了：

> 一家人闻边报雄心振奋，
> 穆桂英为保国再度出征。
> 二十年抛甲胄未临战阵——
> 难道我就无有保国爱民的一片忠心？

您看，第三句完了的那个破折号（——），是什么意思呢？自己二十年没穿战袍了，一旦穿上还能打仗吗？这，不是人之常情吗？我手里还拿着那个帅印，在舞台上不正可以借题发挥我的感情吗？

确定了插入舞蹈取代歌唱的方案，下边就是如何选取适当舞蹈的问题了。这舞蹈必须具有特殊性：不能是大家都熟悉的：一是看到就知道出处的；二是尽量选取绝迹舞台多年、又重新处理过的舞蹈，让观众一眼看去觉得新鲜。于是，梅兰芳在《穆》剧的排戏过程中，连续多日利用晚上进行设计。他让太太晚饭后，就把守在垂花门处，外人一律不许进入内院北屋。在北屋内，只有他与两名弟子。他自己歪坐在沙发上，手中还把玩着一只火柴匣。两名弟子就站在自己对面，他们一个舞蹈接一个舞蹈，不断跳着。舞蹈有名字，如《关平捧印》与《风雨雷电》等，都是20年代前后剧场开戏的小节目，没有具体剧情，但舞蹈性强。梅兰芳就打算通过借鉴、抽换与组合，以形成自己在《挂帅》中新的舞蹈。他实际上是在"一赶二",手中的那只火柴匣,就是缩小了的帅印,因其小便于把握,梅兰芳就把两件事合到一起来做。

几天之后,《挂帅》在剧院小礼堂正式合成。梅兰芳按照自己的设计直接演出了"捧印"一折,他声明是"大家提提意见的",然而等他一口气演完,在场者无不热烈鼓掌。但梅兰芳觉得似乎还有问题,他把那六面体的印匣带回了家。等以后再把印匣带回来时,大家发现梅先生舞蹈更加纯熟,印匣也把握得更加得心应手。群众也没多想,背地里说:"这又有什么,谁让人家——是梅先生呢!"

这样,《穆桂英挂帅》就于1958年由梅剧团先期上演,随后在1959年,由中国京剧院的著名演员李少春、袁世海、李金泉等担任班底的又一出《挂帅》也正式上演了。两个版本各有各的好处,人们都热情地夸奖它们,赞誉"梅先生果然有办法"。

作者品评

梅先生这个戏没演太久,他就陡然逝世。党和国家沉痛地送别了他,从国库中找出一副金丝楠木棺材给他睡,在西山的百花山为他设立了坟茔。陈毅副总理致的悼词中说:"梅兰芳先生是一代完人。"这是当时(甚至是几十年间)很难得的评价。梅先生的诸多剧目在他身后,也不断上演,其中尤以这出《挂帅》流传最广。还有一则关于他的传言,说为什么梅兰芳能把这个印匣举得那么稳呢?就是印匣中设置了机关。不信的话,你摇荡一下印匣,总能听到其中有东西在滚动,到底其中是什么东西呢?时间很快进入"文化大革命",梅兰芳也不能幸免,他被造反派打成为"资产阶级学术权威",造反派曾想毁掉他在百花山的坟墓,可无奈太坚固,阴谋未能得逞。造反派又想起了这个印匣。他们终于把它从仓库找出来,拿到了光天化日之下。他们用很重的铁榔头劈砍下去,六合板碎了,一个生锈的铆钉滚落在地。造反派目瞪口呆,从没想到像梅兰芳这样的大艺术家,会想出如此简洁可行的办法!如果印匣没有摆平稳,铆钉就一定向一侧歪去——会有一声小小的"砰",观众听不到,但自己能感觉到,一旦感觉到了,自己就向相反的方向来一个倾斜,印匣也就立刻端正了!

　　这，究竟说明了什么？我以为，咱们国家再大的古典艺术家，说到底都属于民间艺人。这些艺术几百年来，大多都走了一条知性的艺术之旅。遇到麻烦或者困难，也往往运用小办法小智慧自行解决。就如同这个铆钉，真是小到不能再小，简单到不能再简单，但它很实用，一点也不占地方。我们今天往往会采用很大很洋的办法，去解决遇到的困难，而结果还未必如梅兰芳这样简洁实用！

　　再一点很深刻的感慨，就是梅兰芳未必同意咱们贪大求洋的做法。他是很久很年轻时就见过外国的大戏剧家了，他或许也曾崇拜过人家，但后来他的立场转变了，转变回咱们自己的立场上来。记得50年代之初，咱们政治上向着苏联一边倒，艺术上也跟着"倒"了，苏联戏剧专家往往以祖师爷的架势进入中国，对我们戏剧界的情况指手画脚。结果呢，并不好。国家后来的政治态度改变了，这条戏剧路线也跟着改变了。至于梅兰芳，他始终没处在制定文艺(含戏剧)路线的位置上，但他的态度是早就很鲜明的。他赞成走中国自己的路，文艺如此，戏剧戏曲亦如此。

　　基于以上的认识，他才在排练自己唯一的新戏《穆桂英挂帅》的过程中，没有接受那种追求大与洋的路线，他就在自己的梅剧团中，用最少的人力与最传统的方法，争取把戏排到最好。新戏如旧，这或许就是梅兰芳当时最深的理想。他恰如其分地做到了，所以他喜欢自己的这个戏。在追求实现这个梦想的过程中，他显现了自己的聪明才智，显示出极大的创造性。他追求一个非常光明的目标，但又在这样的追求的背后，其用心却又是良苦的。

　　在梅兰芳去世后安葬百花山的盛大场面上，正面扶花圈的二位，一个是田汉，另一个是夏衍。这让我忽然想起了郭老(沫若)的身后事：他安葬在山西大寨，这还是他临终前若干年自己要求(甚至是申请)才这样做的。不久前我去了一次大寨，发现虎头山正面最中央处是陈永贵的墓，往西是陈的前任、老英雄贾进才的墓。这两个墓都是背南面北的。再往西几百米，山就拐弯了，郭的墓就只能背东面西了。您郭老在大寨，只能是个陪衬。墓碑很简单，甚至有些简陋，还是由大寨村党支部与大寨村村民委员会给他立的。我无语良久，梅兰芳与郭沫若是很好的朋友，梅兰芳生前最后一场演出，就是在以郭老为院长的中国科学院礼堂进行的。演出完毕，他俩还留下了一张合影。梅与郭都是那一时期的文化名人，而最后的归宿却又如此不同。安葬大寨不是国家对您的安排，而是您自己申请着来的。如果您不愿意安葬在北京，全国有那么多的名山大川，哪儿比不了大寨呢？诚然，陈永贵当过副总理，可您也当过，而且是新中国第一届政府的副总理，以后则长期担任全国人大的副委员长。大寨人纪念陈永贵，怎么做都不为过，您郭老何必又挤进人家的地界呢？您在那里已然待了好多年，难道不感到寂寞以及或大或小的不舒坦吗？

第十七章 不禅而禅·南北宗与京海派

从慈禧评戏说起

传说有这样一件事情——慈禧召谭鑫培等一班名伶进宫唱戏，点谭鑫培唱《盗魂灵》。谭饰的猪八戒在剧中极尽滑稽之能事，然而在爬上三张桌子之后，往下一看，摇摇脑袋，装出害怕的样子，不敢向下翻出"台漫"，仍从原路退回。谭平素得罪了慈禧手下的大太监，此时便有人向老佛爷进谗言，说谭"不卖力气"云云。谁知慈禧不以为意，只是讲："如果翻'台漫'，就不是猪八戒了。"

这件事颇有意味。慈禧平日面对大清朝的江山臣民，无时不以"主子"自居，她是"老佛爷"，她是当然的神。然而在看戏这一刹，她降尊迁贵为普通观众，并且是一个很内行的观众，变成了普通人。与此恰成对应，京剧名伶是带着一种近乎宗教的虔诚，由台后走到了前台，萧长华就曾说过"要替祖师爷传道"的话。他们在台上扮演的虽大多为普通人，但他们面对那些使普通人形象生动起来的种种办法，却尊敬如神，一丝一毫不能更改。谭鑫培这一出《盗魂灵》后来拿到上海去演，就因为不肯翻这三张桌的"台漫"而得过倒彩。因为当时在上海滩，有一位叫杨四立的京剧演员也擅长此剧，并且敢翻三张桌的"台漫"。谭面对倒彩，尽管也颇不是滋味——在北京，谁能、谁敢给自己喊倒彩呢？但一想到自己所奉扬的艺术信条，真如面对冥冥中的神明，胸中块垒也就顿时消尽。

与在台上的虔诚相反，名伶在不关艺术的日常生活中，却都是随便得不能再随便的人。尽管清末民初那段时间，社会上的宗教气氛仍相当浓郁，这使少数艺人与宗教产生联系，如汪桂芬与佛教有涉，谭鑫培、杨小楼与道教都曾有涉；郝寿臣更因极其偶然的一段因缘（庚子年无生计，让德国兵营找去给其遛马），不但学了德语还入了天主教。但宗教对于这些名伶，只从总体的为人处世准则上给予指导和把握，并未能深深渗透到他们的人际关系和艺术实践中去。"多教化"，是中国历史（尤其是近代）的一个重要特点，不同宗教在不同名伶那里彼此相安，"井水不犯河水"，不会影响不同信仰的名伶友好交往并同台演戏；说得更准确一些，是这些信条严重对立的宗教，通过名伶们——这些"载体"的积极作用，都与中国的儒家思想进行交汇，名伶便从交汇中重点汲取该教与儒家思想相近、相通的那些信条，由此便决定了名伶在信仰上的大致相近，并为其友好交往与艺术合作提供了良好基础。宗教对于演员的艺术有没有潜作用呢？我以为还是有的。戏曲中的宗教故事剧数量相当不少，但是经过世代演员的消化和演变，非宗教化或泛宗教化的倾向逐渐加强。而非宗教化和泛宗教化的实质，就恰是宗教的世俗化和世俗的宗教化。

梅兰芳生于 1894 年，他无可避免地碰上了这以"多教化"为特点的宗教氛围，他有幸与谭鑫培、杨小楼同台合作，更与杨小楼长期比邻而居，但并未（或言"基本上没有"）受到道家思想的影响。对他有影响的宗教只有禅宗（佛教的一派）。1913 年和 1914 年梅两度赴沪，与画家吴昌硕结下忘年之交，1920 年再度赴沪，吴昌硕在梅所画的《香南雅集图》上题诗道："堂登崔九依稀似，月演吴刚约略谙。赢为梅花初写罢，陪君禅语立香南。"10 年代后期至 20 年代前期，梅从陈师曾、姚茫父学画佛像，所画《达摩面壁图》是根据姚先生摹金冬心的画本，此期梅常自谓是"冬心的再传弟子"，书房中常悬冬心的《扫饭僧》一画。这几个例子说明，梅由于与知识分子接近，于是禅宗便经由知识分子向梅或多或少地发生作用。但是这种作用并未干预梅的艺术实践。梅的家属曾告诉我，梅 1915 年开始上演新戏，记不清是在上演第一出《牢狱鸳鸯》还是第二出《孽海波澜》的时候，正撞上杨小楼、王瑶卿等老一辈"全梁上坝"合作宗教故事剧《天香庆节》。对垒的结果是对方惨败，梅的新戏上座奇好。观众的选择说明了历史进程对于宗教侵入京剧的否定。尤其值得回味的有两点。其一是参加《天香庆节》诸多前辈对此事毫不在意；其二是梅对此却深怀歉意，并且"在心里一搁就是三十多年"。

非教之教与不禅而禅

非教之教，当然指的就是儒了。"修身、齐家、治国、平天下"这一套道理，处在俗文化层中的梨园人物，大多数是说不清楚的。然而他们自小学戏，在学习"云手"、"山膀"等基本程式的同时，也就把"不孝有三，无后为大"、"饿死事小，失节事大"、"不成功，便成仁"之类活生生的儒家戏词刻入脑海。传统京剧中充满了忠孝节义思想，在梨园人际关系中也处处提倡这样为人处世；做戏与做人的合一，是梨园的一条准则。往昔的艺人们世代都是"幼而失学"，然而谁能讲他们通过学戏一途没有掌握儒家思想的精髓？

这"非教之教"，不但在京剧名伶的思想中占据着主导地位，而且有着非凡的吸附能力。"修身、齐家、治国、平天下"能够容纳和改造一切相近或相反的宗教思想，并且把它们变成梨园人物喜闻乐见的形式。儒家思想影响为什么能如此强大？大约由于孔子创立的这一套文化思想，经过几千年的奴隶制与封建制社会，已无孔不入地渗透在中国各阶层人们的观念、行为、习俗、信仰、思维方式和情感世界之中。尤其值得重视和加以研究的是，它已积淀和转化成一种文化——心理结构。不知是否可以说——愈是社会底层，在从奴隶制至封建制转移的漫长过程中，人们世世代代的生活环境的差别并不大，因之心理结构也就愈加稳定。梅兰芳早年所处的清末民初时期，尽管有帝国主义列强的侵入，尽管有资本主义萌芽的产生，但在俗文化——梨园行领域内，影响毕竟有限，于是存在决定意识，于是儒家思想仍然"当家做主"，仍然可以对无论是中国历史所遗留的还是外国新近所强加进来的"异端思想"采取"拿来主义"。

此外，"非教之教"常常与京剧艺人所尊奉的"道"融合一体。"替祖师爷传道"，很容易成为"修身、齐家、治国、平天下"在梨园行中最切实际且随时可供身体力行的解释。梨园人物"平"什么"天下"？倘能如谭鑫培、梅兰芳那样被称作"伶界大王"，如王瑶卿那样被称作"通天教主"，不也就心遂意满、平生愿足了吗？！

与儒家思想的世界观地位成对应，禅宗对于京剧艺人只是或多或少起到一些心灵哲学的作用。说"或多或少",是指大多数底层演员很难与禅宗结缘,而只有那些注意与知识分子结交的上层演员,才会对"禅"一方面形成渴求的心理,同时在行为上又形成颇为特殊的"不禅而禅"。

"不禅而禅"应当有两层含义:一是要有形成"禅"的可能,二是为什么又要采取"不禅"的外壳。

曾有学者认为,禅宗之所以能产生在中国,原因之一是中国传统重实践活动,不像古代印度只认为精神高贵,不屑于劳动操作,僧人必须由别人供养。中国禅宗强调自食其力,"担水砍柴","一日不作,一日不食",要从事农业生产,过普通的劳动者生活。京剧演员的绝大多数,都是或多或少要参加一些社会生产和家庭劳动的。由于京剧舞台上不乏表现这些生产和劳动的场景,所以连经济条件优裕的名伶,从思想上也不会轻视它们,即使不需要经常担负这类重荷,却也时时研究如何使它们在舞台上能变得更美。另有一些立足点站得更高的学者认为,禅宗之所以只能在中国产生,是因为从思想根源上看,仍然是儒家传统精神的渗入。"天行健"、"生生之谓易"与禅的生意就可以有沟通之处。"群籁虽参差,适我莫非新",王羲之的这句诗出在禅宗之前,然而却可以用来说禅。同样,儒家思想通过浅近的戏词和生动的情节,而使京剧从业人员有所体悟,这就使梨园人物具备了接受禅宗的可能。

说到为什么又要采取"不禅"的外壳,恐怕这首先与京戏这一种艺术特别强调愉悦作用的审美性质有关。京戏属俗文化,贵在浅显明白而又寓有深意,必须在剧场"一次过",表层故事务使所有观众全都听清看明,内在意蕴则可在演出完毕慢慢回想。这些特点与禅宗所要求的"不著文字"的"顿悟"有明显不同。其次,京剧从业者的生活并不优裕,他们要担负许多生产或劳动。禅宗的"顿悟"要求"不著文字",而其前提必须是"熟悉文字",甚至是要在精通文字后才能抛开文字,而京剧从业人员大多数幼而失学,连台词都是靠师傅口头传授,然后凭强记而能背诵,其后又因反复表演而一点点记牢并逐步理解。所以不妨这样认为:京剧从业人员不具备禅宗"顿悟"所要求的起码的文化素养和较闲适的生活氛围。

在"无教之教"与"不禅而禅"的中间，我以为存在着这样的关系——前者是主导的、决定的因素，后者则是对前者的某种对立的补充，尤其是在艺术实践过程中，后者的作用并不都是消极的。

在入世与出世之间

入世思想和行为，是青壮年知识分子所普遍具备的。梅兰芳当然也不例外。他在 1921 年便已成名，在 1927 年又当然地名列四大名旦之首；并在 20 年代的一头一尾，他先后访问了日本和美国，实行了"京剧走出中国"的创举。

▲ 梅兰芳回国后在上海与京剧界人士合影（1931 年 6 月）

前排左起：荀慧生、梅兰芳、王又宸、雪艳舫、雪艳琴、杨小楼、龚云甫、李吉瑞、谭小培、言菊朋、马连良、谭富英、尚小云、程砚秋；

后排左起：（8）马富禄、（9）张春彦、（11）贯大元、（13）徐碧云（20）郭仲衡、（21）高庆奎、（22）王少楼、（23）芙蓉草、（24）金仲仁、（25）李万春、（26）蓝月春、（27）刘宗杨、（34）姚玉芙、（35）姜妙香

据 1930 年的报刊披露——梅刚从美国回来的那一阵儿，"心情亚赛光风霁月，嗓音也甜亮无比"，他已经创立了梅派，他应该抓紧时机，大大地发展梅派才对！然而他怎能料到，1931 年 9 月 18 日晚，正当自己在北平的中和园唱戏的中途，台下一位显要的看客被机密而紧急的消息召回——那就是张学良将军被"九·一八"事变所困扰、迟疑和错断的那个时刻。从这时起，梅兰芳和全体国民一道，被迫中止了自己的理想和美梦，和平的局面既失，艺术的创建有何可能？梅兰芳被迫南迁，但又冀期很快再回到北平。1935 年的访苏，不可能不使

他的心灵饱受刺激——那里是一片和平的国土，人民在安居乐业，知识分子和艺术家们在自由探索，这对久经战乱的人来说，将会产生怎样强烈的倾慕与欣羡之情！梅访苏之后回到上海，不久即在北平爆发"七七事变"，继之就在上海燃起"八·一三"战火，自己也身陷孤岛；日军还在继续进侵，他感到前途渺茫，心境极度黯淡。到底怎么办——自杀殉国吗？京剧中虽有《正气歌》一类剧目，但毕竟是戏；近代史上也有激进的革命者陈天华等蹈海的故事，但并非一般老百姓所能理解并容易接受的。自己是一名京剧演员，唱的戏偏偏又是老百姓们所理解和热衷的；他离不开他们——他们当中尚无人自杀，自己焉能自杀？这自杀——实在是行不得呀！既不能自杀，那么，是否退而求其次——从宗教里求得心理上的宁静？梅兰芳想起前辈的若干名伶，有宗教思想的颇不少，真个入教的并不多。何故？因为任何宗教都要求脱离世俗，京戏中讲的偏偏就是世俗，或者是用世俗的观点去解释宗教！一旦真的入教，就必然心如枯木，热血变凉，就只能用教徒那种眼光去观察世界了。这样一来，就永远失去了当演员的"自我"。而演员的"自我"又是一种多么大的幸福——今晚演杨贵妃，把她的七情六欲体验个够，明晚演虞姬，又把她的痛苦悲哀表现个够，后晚演李桂枝，大后晚演赵艳容……普通人一辈子只能过自己的一生，演员一辈子则可以替代历史上知名和不知名的人物分别过上许许多多的一生，虽然替代所过的大多仅是"一生"中的某一片段，但生动的程度往往超过历史上的真人，甚至连历史上不知名的人物也会因自己的创造而变得知名起来！这一种体验百种人生、万般滋味的快乐，是世间任何人所无法获得的，梅兰芳甚至会想——现实世界中任何职业都比不得唱戏，就算是拿总统的职务跟我换，我也不干！因为我是"伶界大王"，比你当总统也差不到哪里去哟！

梅兰芳几经困顿地冥索，最后就只能凭借"不禅而禅"来换取心灵的宁静，静候战争的结束了。对于抗战期间梅的蓄须明志，只能从这个角度去理解和开掘，才能得出合乎逻辑的解释。

前文说道，对于禅宗梅并不陌生。早年从前辈画家习画时常常能接触到，自己在画达摩像时也常能品味到，而只有在身处孤岛、极度困惑之时才能顿然悟到，才能使自己在保全性命、坚持节操的前提之下，取得洁身自好、隐逸遁世的安宁。

前文还说道，历史上著名的知识分子接受"禅"时习惯用"不禅"的方式，梅兰芳也不例外。他在上海和香港的生活，比起昔时"日进斗金"的局面当然显得拮据，但比起真正的宗教徒来说，其丰富的人情味则不知胜出多少倍。他学英语，学跳舞，学打羽毛球，支持孩子集邮，送孩子从香港去内地的学校读书，等等等等，说明他未能与尘俗一刀两断。至于说到他在深夜紧掩窗帘，或者以二胡轻轻吊嗓，或者悄悄收听无线电广播以求了解国际政局的最新消息，等等等等，也都说明他的"不禅"是有限度的——只是片刻的忍耐，只是想用缓解纷争的"出世"去求得某一天的重新"入世"！果然，在1945年的上海，当梅从收音机中听到日本投降的消息之后，立即从楼上走下来，走向他的家人和朋友——其时他用一柄打开的折扇挡着脸的下部，然后忽地撤掉折扇，原来唇上所蓄之须已全部刮掉！可以认为从这一刻起，梅就已然完全"脱禅"，而不必斤斤计较，认为"几个月后重新登台演唱昆曲，才算是恢复了入世思想"了。

我们有同样的理由认定，程砚秋抗战时期在青龙桥的表现，只是另一种"不禅而禅"。性质目的与梅兰芳没什么两样，只不过表现形态上稍稍"剑拔弩张"一些罢了。他扛锄种地，仅是一种"韬晦"之计；抓紧攻读史书，是想在未来的岁月中从文化见识上高出同行一筹。他对于专程去青龙桥拜访他的剧作家翁偶虹讲："应该在《锁麟囊》之后，再为我准备别的剧目。"不要把此时的程砚秋写成一位具有民主思想的革命者。若真是那样，他就应该到不远的西山上拉队伍打游击了。

由梅、程的例子可以得知，"不禅而禅"似乎是名伶在思想走向进步途中的必经阶段之一。历史和现实的经验告诉我们，愈是想拔高人物，就愈会适得其反。人的思想很难飞跃，因为现实存在就很难飞跃。即使是思想家凭借先进的立场、观点、方法推导出来的科学论断，也需要审时度势，在人民中分阶段地逐步推广落实。只要稍微一超出现实可能，再科学的东西也会走向反面，甚至会给对立面帮了大忙。

闲云野鹤与"顿悟"

先讲一段于闲云野鹤的心态中获得"顿悟"的轶事。

盖叫天二十七八岁时曾闲居杭州。某日走近荒野中的一个茶亭，适逢一个双目失明的人正在乞讨。茶亭中茶客虽多，却无一人施舍。忽然一位三绺长须的老者高叫一声"瞎子"，于是展开一场暗藏机锋的对话——

"你看不见？"长者问。

"是啊，看不见。"

"你睁开眼看看，我在哪里？"

"我睁不开。"

"那你闭着眼睛，使劲儿去看！"

"——我看见了。"

"你看见什么？"

"一片黑。"

"你黑都能看得见，"三绺长髯的老者一字一顿地讲，"难道白，你就看不见吗？"

听到此处，盖叫天心中"顿悟"了——眼睛瞎了，心却没瞎，只要"处处入心"，就能明是非，辨黑白，知美丑，分善恶。眼瞎心不瞎，只要用心思去默想，还是能"看"出黑白来。盖叫天又联想到练功学艺——哪个后生子不得练上十年以上的苦功？然而"名师难求，好友难逢"，不受指点，枉受辛劳。那个长者逼着瞎子"看"，就是逼他"顿悟"——就是要他在往昔求爷爷告奶奶的传统办法之外，再豁然开朗地想出一条自力更生的新路！学艺的人也是一样，平时受到的指点多是就戏谈戏、就程式说程式的，并无大用。而这位长者才是真正的名师和好友，他重视直观、感受，逼你"顿悟"出一条新路，这里的"顿悟"将引导出创造。

闲云野鹤般的精神状态似乎与"顿悟"所要求的机敏不可调和，其实二者并无矛盾，反倒相辅相成。中国诸多传统艺术都有很强的技术性，这固然需要初学者的锲而不舍的精神深钻苦研，甚至可以认为在这条路上绝无捷径，"功夫下得深，铁杵磨成针"。然而事情还有另一方面，等技术大抵过关，注意力就宜适当松弛下来，貌似闲云野鹤，实则转向该艺术与他事物的关联上再作研究。只有保持并形成"闲云野鹤"般的心态，才可能在不经意中由于他人偶发的、似乎风马牛不相及的"点拨"而豁然开朗，换言之，也就是萌生"顿悟"。举例如，上海昆剧团著名女小生岳美缇80年代初自上海学院学毕归团，与华文漪一同排练《玉簪记》中的"偷诗"一折，岳当时的想法既多又杂——一方面是年届"不惑"，已经具备了相当丰富的表现手段；同时刚刚学了不少话剧的表演经验，产生了想"改造昆曲和自身"的念头。岳美缇把自己的惶惑说给昆曲前辈沈传芷先生听，请他为处在"三岔口"的自己指一条明路。然而沈老奇哉！他既没有对岳美缇自行设计的种种身段进行评点，也没有对借鉴话剧表演形成的另一种思路妄加议论，他只是淡淡地讲："这场戏要抓住一个'轻'字做文章。"岳美缇立时"顿悟"到——这一个"轻"字，既包含了人物步履的轻捷，更符合人物心境的轻松。她一下抓住了人物的基调，在确属民族表演路数的前提下，不拘一格地吸收、消化了多种表现手段，以此来刻画潘必正的特定心境。

南北宗与京海派

作为流派纷争，宗教的禅宗与艺术的京戏之间，有着惊人的相似。

禅宗流传到五祖弘忍之时，大弟子神秀本来是公认的衣钵继承人，他踌躇满志地写了一首偈语："身是菩提树，心如明镜台，时时勤拂拭，莫使有尘埃。"不料一个地位比神秀低得多的惠能，却针锋相对地写下另两首偈语，其一为："菩提本无树，明镜亦非台；佛性常清净，何处有尘埃。"其二是："心是菩提树，身为明镜台，明镜本清净，何处染尘埃。"神秀在"学术"上强调的是"渐悟"，这一偈语作时也必定花费了苦功，因此完整地浓缩了印度佛教"戒——定——慧"三阶段方式。即使是那些与禅宗丝毫无涉的一般读者，把神秀的这一偈语当作诗来看的话，也至多得到一个"能品"的结论。而惠能则不同，他出身于范阳籍岭南新州樵夫家，听人诵《金刚经》，突然"心明便悟"，于是跑到黄梅冯墓山去礼拜五祖弘忍。惠能在"学术"上则强调"顿悟"，靠天生的慧根，更靠后天的苦练去"跳跃"。他这两首偈语的产生，或许是见到神秀的苦心之作的那一刹那，"自然而然"地从心底奔涌出来的。即使是那些与禅宗丝毫无涉的一般读者，把这两首偈语也当作诗来看的话，我以为很可能得出一个"神品"的结论。后来，五祖弘忍比较了这两个人的三首偈语，毅然传位给惠能，并指出："若住此间，有人害汝，汝即须速去。"于是惠能南下大庾岭，躲过了神秀一派的暗算，在韶州曹溪开始了禅宗"顿悟"一派的传教活动，逐渐建立起后来风靡千年、席卷中国、远至东亚的南宗禅。而留在北方以"渐悟"为特点的神秀一派，则被称为"北宗"。

在神秀与惠能分裂为南北两宗的初期，大抵还是各行其道，彼此并未发展到"相对如仇雠"的地步。在武则天、唐中宗时期，神秀的北宗居于主导地位；至安史之乱以后，南宗禅就压倒了北宗禅，甚至湮没了禅宗之外的所有佛教流派。

京剧界的情形何其相似乃尔！自 20 世纪 20 年代以后，随着京剧中的一支向中国 南 部（尤其是以上海为中心的东南沿海地区）的迁移、落脚及其衍化，便也出现了北南对立的局面。北方的称京派（或京朝派），南方的称海派（或外江派）。京、海两派斗法七十年的历史，大约可以分为前后两期。前期可以从 20 年代延续到 1949 年建国。此期中京派一直占据优势，尽管三四十年代中间的上海，海派京剧也曾几度出现畸形而疯狂的繁荣。1949 年至今，京派虽也随同政治形势时隐时伏，但毕竟无人能否定它的"存在"；而海派自新中国建立后就销声匿迹，在沉默了三十几年后的今天，伴随着"东南地区颇得改革开放的风气之先"的大氛围才又重新冒头儿，尽管今日之海派与昔时之海派已经是貌合神离的两样事物了。

为什么在禅宗流派上大抵"南胜北"，而在京剧流派上偏就"京胜海"（或言"北胜南"）呢？我想这与对立着的两派背后所隐藏的时代心理有关。何谓时代心理？就是指一个时期、地域中间占统治地位的心理状态。它是受经济基础和上层建筑的制约的，常常普遍地存在于一个时期、一定地域的著名文化人的意识之中。以禅宗为例。从贞观之治直到天宝初年，唐朝均处在积极开拓的进取状态之中，开放心理及自信心极其强盛，人们只顾今天的欢乐而不会忧及明日可能到来的种种麻烦。因此，能够给人们精神的安慰的禅宗在这个年代是不吃香的。只有当安史之乱爆发之后，巨大的战争动乱以及可以预见的种种隐患，才使唐朝的有识之士（首先是知识分子）发现自己所处的时代是"已有麻烦"，或"将有麻烦"，而且这"麻烦"是"剪不断，理还乱"的。他们曾想扭转这种日下的世风，但是行不通、办不到。他们又舍不得自杀或者真正地笃信宗教，于是就想在物质生活不明显降低的前提下，通过一些参禅的办法，取得暂时的宁静与乐趣。这，就是禅宗开始进入，并且愈来愈巩固地占据士大夫阶层思想阵地的主要原因。那么，再研究一下为什么南宗能够胜过北宗的原因吧。简言之，就是北宗强调的"渐悟"需要相当地遏制情欲、甘守淡泊，并且真要把坐禅当作一门学问来苦修苦练；而南宗的"顿悟"说，不坐禅，不苦修，精致高雅，很大程度上依靠和讲求内心的灵性，从气质上讲，与诗人的气质要求相差无多。这一来，这种诗人情趣加闲人生活方式与士大夫朝思暮想的完全一致，于是就从南方到北方受到了整个中国的欢迎，南宗也就最终打垮了北宗。

京剧中的京派始终占据主导地位也与时代心理紧密相关。从辛亥革命直至新中国成立，几乎战乱不停，北京又成为兵家必争之地，"城头变幻大王旗"成为远比"燕京八景"更带时代特点的一幅讽刺性的画图。然而另一方面，北京又何曾有一日收拾铅华，抵御过那种征歌逐舞、纸醉金迷的腐败气息？士大夫阶层留恋尘世，舍不得繁华，于是就从"国粹"京戏中去"品"味。越"品"京剧就越雕琢，越"品"京剧就越不带人间烟火气，越"品"就离现实的斗争越远。从统治者角度去看，城头的大王旗经常变幻，而京剧以及它的名伶却极稳定，于是每一位新大王入主北京，也必定通过和超稳定的京剧及其名伶"拉关系"，来使自己颜面增光。这，大约就是1911—1949年期间京派京剧雄踞宝座的根本原因。至于新中国成立后的四十年间，为什么京派京剧时隐时现，而海派则干脆偃旗息鼓了呢？恐怕就在于京派京剧的潜势力仍然很大，并且受到新中国领导人的赞赏。他们对京派京剧本无敌意，并且进城之后也逐渐认为它能起到调节精神、帮助休息的作用。但是由于过分突出政治，或者当政治形势出现"麻烦"的时候，于是才想到拿京派京戏做实验品，或者杀一儆百，等到政治上的干扰排除，于是京派京戏又开始复苏。海派京剧的命运则大不同。在共产党人眼中，"海派＝资本主义"的公式是成立的，所以连周信芳、盖叫天这样的优秀艺术家历来讳言"海派"二字，于是海派几乎从一解放就自动缴械。如今在改革开放浪潮的催动之下，1988 年在上海首先召开了全国性的学术会议——"中国南派京剧研讨会"，这是时代心理在中国南部的觉醒。与此相对照，倒是京派京剧还处在麻木不仁的状态中——热衷于提"振兴"，讳言讲"反省"。从心理状态上讲，实在比敢于正视海派的中国南部戏曲界人士要落伍很远了。

茶道、花道与戏道

禅宗本来发生、发展于中国，而今天却盛行于日本，并依仗茶道、花道深入到社会各阶层之中。喝茶、插花本属生活中的消遣，不可能也无须达到"道"的高度。然而"醉翁之意不在酒"，现代日本人置身在那样一种忙碌、嘈杂、纷争的大生产、大竞技环境中，在一天八小时、一周四十小时的劳作之后，很需要一种心理调节来达到平衡。于是喝茶、插花便变得烦琐起来，当然，这"烦琐"当中确有章法，也同样经得起推敲和品味。日本人便心甘情愿沉湎其中，从生活的另一侧面去探寻奥秘与乐趣。

我们中国也在走向现代化，从大的社会性生产环境讲，已日趋贴近现代日本。所以正确处理"忙与闲"的关系的问题，应该迅速提到议事日程上来。在历史上，与禅宗能够发生关联的传统文化项目很多，京戏、围棋、园林、绘画等等皆是。其中大多数至今还在盛行，并且就自古至今"外化"出来的形态讲，还具有相当高的欣赏价值。但是用"道"的高标准去要求，它就很不够了。以京戏为例，我们有许多杰出的演员，从前辈那里继承下来不少优点，自己表演中的创造更多，他们在舞台上确确实实是"做到"了——能够引发观众的掌声和喝声，更能引发观众的玩味和回想。但是若让这些演员在"做到"的同时也"说到"，那就很难了。他们只能就具体的表演实践体会说出个子丑寅卯，若谈及表演理论（更不要说像"梅兰芳戏剧体系"这样尚处在空白阶段的课题），就不能不交白卷了。他们之所以不能实现"说到"，是因为尚未"悟到"；而要实现"悟到"，则需要相当的思想文化修养，有相当多的闲暇，尤其需要独立的人格意识。我们不妨以盖叫天为例。新中国成立前的他，只能说是个好演员，只能说他在舞台上实现了"做到"；在解放后，他闲散下来，独自生活在杭州西湖一侧的金沙港——那里既是人迹稀少的僻静之处，又是山水空灵的休养之地。他独往独来，自行其是又自得其乐。他曾到地摊上买来假古董，还甚至这样宣称："什么真的，假的？！只要我看着好就行，只要对我（的艺术创造）有用就行！"这话说得再精辟不过了。因为在世俗人那里，古董是以文物价值高而"值钱"的；而在盖叫天这里，古董则是以艺术价值来论档次的。盖叫天或许曾花高价购买假古董，但假古董同样启发了他的艺术思维，使他对某戏某人的某一点又来了一番"升华"——"戏"高上去"一块"，这难道不是价值？所以很难讲盖叫天买假古董，就一定属于花冤枉钱。盖叫天坚持我行我素，于是杭州金沙港一带的天地、山水、人物，连同他大半生走过的地方、演过的剧目，渐渐融合成一个系统，其中即蕴含着他的"戏道"。读他新中国成立后写的谈艺文章，确实感到高出同辈名伶许多。他在"悟到"上面狠下功夫——仔细回忆往昔"做到"与周围事物的关系，于是确乎实现了"说到"，甚至连新中国成立前未及"做到"、新中国成立后限于体力条件难于"做到"的，也给不折不扣地"说到"了。所以，看盖叫天的书，感受真是比看他的戏收获还多，因为盖的思路恣肆纵横，写实中更兼写意。盖叫天的诸多同辈名伶，一旦处于技艺巅峰便一生闲不下来，老来退出舞台写书时，也只能就某戏某人讲讲"老前辈怎么演的，我又是怎么消化和变通的"，想再"拎"高了形成自己的"戏道"，就不可能了。

把戏曲、围棋、园林、绘画诸项目的朴素经验都提到"道"的高度，不仅关系到具体项目是否能够持续发展，更重要的是一个民族是否真正强盛的象征。当今世界很少有人能否认日本的强大。但日本为什么强大？或者说日本为什么战后能迅速地走向强大？恐怕就与"茶道"、"花道"等等有关，就与歌舞伎、能乐、吴清源、东山魁夷等等有关，就与正确处置"忙与闲"达到的心理平衡有关。参照日本的经验，我们也应该在《粉墨春秋》（盖叫天舞台艺术经验）之后，有更多的"戏道"著述；也应该在陈祖德的《自我超越》之后，鼓励当代棋手（首先是聂卫平）进行"棋道"的探讨；还应该在园林前辈陈从周教授的《说园》之后，推出更多对于"园林之道"的描绘；还应该在中国古典画论之后，结合近现代诸多大师的实践推陈出新；更应该在朱光潜、宗白华、王朝闻、李泽厚等美学大师之后，涌现更多的美学巨擘……当这一天来到之日，我们将感到"从容"将是"强盛"的同义词，甚至是会超出其内涵的。

第十八章 两院院长·只能有名无实

梅兰芳当过官儿吗？当过，也没当过。这话怎讲？新中国成立前成立国剧研究学会，他就和齐如山、余叔岩几位担任过学会的领导。每月都要开一两次会，很多前辈出席，最后是梅兰芳请大家就近吃一顿。梅兰芳不但习惯了，因为梨园聚会经常是自己请客，同时也很乐意，能听到老先生们讲话才是最重要的，听他们说几句，时常超过自己琢磨半辈子的。其实，这个学会根本不是官方办的，因此也就算不上什么官儿。新中国成立前还有过一个"北平国剧学会"，推举梅兰芳为会长，其他主要成员为齐如山、余叔岩等。诚然，这是非官方的机构了，其后，政界人物李石曾搞到一笔钱，梅兰芳用它办了一个刊物，程砚秋则用它跑了一趟欧洲，考察了一年多的时间，归来写了《赴欧考察戏剧音乐报告书》（一共十九点意见）。新中国成立后，梅兰芳担任了全国人大代表、全国政协常委，此

▲ 在国剧学会，梅兰芳操琴，余叔岩击鼓

外还有不少虚职：如中国文联副主席、中国戏剧家协会副主席等。梅兰芳对此都乐呵呵地接受了，也乐呵呵地参加了。他是个喜欢热闹，也喜欢接触更广阔的外界的人，如果没有这些虚职，他参与起来就不方便了。比如1958年，大陆炮击金门马祖，文艺界一些名人，组织了一个团，赶往前线声援。梅兰芳也参加了，他一直去到最前线的坑道中，还帮助战士打了一发炮弹呢！别人再三劝

说他"赶快下来",要他"千万别伤着",可他不听,因为他觉得新鲜,遇到这样的事,不能不参与,更不能袖手旁观。

一解放,梨园就一直"跟着走"。党发起了戏曲改革,简称"戏改",政策集中在三点上:改戏、改制、改人。对于一般演员,重新编制了剧团,每月不拿工资,而以拿小米计算。新剧团中有新的领导,执行新的制度,这些都顺利地"过去"了。对梅兰芳,好像谁也不敢碰,因为他是最大的戏曲人物,经过的事太多,走过的路太长久也太特殊,对他究竟应该怎么办,似乎是中央的事,需要中央最高的领导发话。最终,梅兰芳忽然接到了"两院院长"的任命。第一个是1951年成立的中央戏曲研究院,这是个研究机构,同时也涉及各个地方剧种。让当就当么。第二个是1955年成立的中国京剧院,让自己当这个院的院长,其实也是名誉上的。因为真想演戏,四大名旦都各自保持了一个自己的私营剧团。比如梅兰芳的,外界就简称为"梅剧团"。人员是松散的,有事即来,没事即散,也不错。其中最重要的任务就是演戏。四位最老的演员(萧长华、姜妙香、刘连荣、王少亭)在戏曲学校都有教职,但那点收入不够,于是梅兰芳请他们进入自己的剧团,每演一场给一场的钱,再多一份收入。在北京演,每人每场四十元;到了外地,还再高些。梅兰芳对两个子女(葆玖、葆玥),则让他们挣"分儿"。每场每"分儿"究竟值多少钱,在不同城市的不同剧场是不太相等的。但无论如何,这些"分儿"也要当时兑换成钱,让所有参加演出的演员当时就能拿到手。至于这样分配之后,梅剧团还能剩下多少,就都归梅先生自己了。今天读者听说到这一幕,或许还会觉得破坏了梅的形象。实际上,戏曲剧团古往今来就一直是这样分配的,梅兰芳此际所得到的,已经比新中国成立前要少了许多。他自己不发话,别人也就无须再为他抱不平了。

20世纪50年代中期让梅兰芳担任的两个院长的新职,是梅兰芳没想到的,但又是不能不接受的。他挂名担任正院长,但同时又有第一副院长与诸多副院长,还有党委书记与诸多副书记。其中,尤其是党委书记这个职务,是新中国成立前类似机构中所没有的。梅兰芳很仔细,他从来是"先看再干",如果看着可行,再干不迟。如果看着就麻烦甚多,他就敬谢着往后退了,谁还能勉强梅兰芳吗?

再说这两个院，也是自己所不熟悉的。先说戏曲研究院，有那么多知识分子，大多不能登台，只从古书中找资料，光这么做似乎就与齐先生他们有差距了。梅兰芳能看出这一点，但不一定说出来。梅兰芳不说，别人也未必说。如果都不说，那么结局就未必合适了。再说中国京剧院，听上去名字挺"大"，但其中的人行吗？一下子成立四个演出团，每个团能挂牌的就有好几拨，时间久了就容易起矛盾。再说，这些人都年轻，梅兰芳很难能跟他们唱到一块。幸亏梅剧团得以保留下来，否则梅兰芳想唱戏可就真没剧团了呢！梅兰芳想着自己与官（僚）们的关系——自己从来不是当官的材料，但跟当官的素来有接触。过去如此，现在如此，今后呢，恐怕还得如此。能够有接触，并且彼此不反感，这就好。千万别搅进人家的群里，再给你个一官半职，那就彻底糟糕了。梅兰芳又想起筱翠花——他在 1957 年的大鸣大放中说话冲了些，险一些要打成右派。也多亏了自己及时发言，说出几乎不像是自己的一番话："那些可恶的右派分子，企图拉拢我们的艺人，如筱翠花这样没有政治经验的人，不小心说出一些不适当的话，这让他们很痛快，让我们很痛心……"经过自己亲自出马，才把筱翠花等人保护了下来，否则，很可能他也难逃公道啊……但是从我来讲，我素来就不是个会说话的人，这次实在是把我逼得没办法了，不能不出来保他一保，这才仓促上阵，说得不对处，您可得多包涵多指点啊。

作者品评

我们今天认真地为梅兰芳，也为类似梅兰芳那样的演员们认真地想上一想：他们适合当官吗？他们能够当好业已摊在他们头上的那个官吗？事实得出的结论是：很难，很难啊，他们只要把戏唱好就已不容易了，何必再让他们改换一次"行当"呢？

我知道，有几位刚当上全国政协委员的年轻优秀演员，第一次去政协开会时，连续多日都老老实实坐在那里，一天三班，不敢请假，更不敢迟到早退，该学习文件时念文件，该发言时也打好稿子照念。结果十多天下来，因为没吊嗓子，结果在随后赴上海的演出中，几个高腔没上去，被不客气的上海观众喊了倒好。

这演员随后在谢幕中沉重地讲："这次状态不好，没能演好戏，很对不起大家。我哪里摔倒的还从哪里爬起来……"上海观众很同情他，又给这番话以真诚的掌声。

我知道，昔日李少春曾坐火车出外巡回，一连几天待在卧铺车厢之中。他怕功夫"回"了，就每天在卧铺之间的走道中耗腿练功。这情景让同车的外人看见，无不觉得很奇怪：别人在走道中抽烟，他就在走道中把腿举过头顶（专业名称叫"耗腿"），一待就是半天。其他乘客暗想，他究竟是干什么的？

我知道，梅兰芳一方面被那些虚职缠绕着，经常外出开这个会或那个会，他很准时，让去哪儿就去哪儿。但到了地方，老老实实坐在主席台上，该倾听时倾听，该鼓掌时鼓掌。至于他自己，一句会议的话也不讲，因为没人给他写稿子，写了稿子让他一念，也磕磕绊绊的，反而不美了。连话都念不完整的人，还当这个官做什么？据说整个梨园最善于即兴讲话的人，南北只有两位：郝寿臣与周信芳。但这也仅是跟外边的人"说说"而已，至于是否能够因此当官，那就是另一回事了。

真说到梅兰芳的这"两院院长"的职务，我的看法有二：第一，这两个职务还真适合于他，换别人是真不合适的。第二，梅兰芳生前还真没把这两差事干到最好。如果他多在这上头用些心思，如果外界（主要指文艺界的上级，以及周边的大环境）也真的瞩望他有职有权地做好这两项职务，那么今天戏曲界的状态就会要好许多。这里，先说戏曲研究院院长的职务，这个职务应该做哪些工作呢？无非就是团结院内院外的戏曲知识分子们，把戏曲源流与流变规律搞清楚，然后再在这个基础上，形成若干戏曲如何前进的、准确又富于弹性的认识，最后再从此去形成我们的戏曲政策。这，是一项很大也很重要的任务。再说另一个职务：中国京剧院院长。应该说，梅兰芳是"有名无实"的。甚至，是他自己根本不要这个"实"。戏曲演员要的权，仅仅是自己待的那个团，自己有话，在自己团里说了管用，这就很好，同时也就够了。至于别的团，与别人之间的事，还是少管为妙。但在整风当中，当外界批评梅兰芳有名无实时，他自己又发言说自己是有名又有实的。但他承认，剧院的工作由其他领导分工去做。他仍然有演戏的瘾，一旦上瘾时，拉出梅剧团的班底外出巡回就是了。我还想到梅兰芳50年代以来在北京的演出，总的数量不多。为什么不多呢？第一，他比较积极带着"梅兰芳剧团"去祖国各地巡回，既让想看看梅兰芳真人演戏的外地人"开开眼"，也让自己团中的老兄弟们稍微"多挣几个"。因为我从剧团演员处得知，这些京剧演员新中国成立后的工资表面不低，但实际都大减了，差不多是新中国成立前同级演员的十分之一。因此虽然老伙伴们新中国成立后担任了戏曲学院的教授职衔，但收入却降低了不少。甚至梅兰芳自己新中国成立后挣到了月工资三千元，但比起新中国成立前，也依然差了许多。我看见资料上写他从前去武汉巡回时，每场客满之后，等前台一开锣，售票所得就汇集到后台——银圆把后台一张八仙桌摆了个岗尖。前轴演罢，一些龙套忙于去其他戏园子赶场，匆忙卸装，就跑到八仙桌旁领戏份，结果几个人合领一块大洋。中轴演罢，若干中层演员领戏份，每人三五块不等，四面的桌子开始塌陷了一个角。等全剧完毕，主要的配演及主要伴奏员"关饷"，每人十块八块不等，但仍不减"塌一角"的态势。等到全剧散戏，梅家的马车就等在戏园子后门了，进来两人，用麻袋把八仙桌上剩余银圆都搂进麻袋之中，然后背在背上，从后门就送回梅家中去了……所以说，单从收入上讲，京剧圈人是有苦难言的。我是不太赞成梅先生把主要精力带团巡演这样辛苦的。作为两院院长，最主要的任务应该是总结京剧近二百年的经验教训，以利再战。作为古典艺术中的第一大剧种，不必把巡演全国作为主要任务，如何把其经验升华起来，并且推动其他新兴剧种进一步地壮大，这似乎才是最重要的任务。我有一种感觉，梅兰芳新中国成立后在北京演戏不多。他常参加的一种，是集大成的合作戏。比如20世纪50年代为庆祝北京市戏曲联合会的那次大义务戏：全部《龙凤呈祥》并扮演孙尚香。参加者甚多，其中也包括马连良的乔玄。参加这种活动是应该的，但大家都是玩玩，都不必当真。而20世纪60年代初期，梅兰芳与马连良在中山公园音乐堂合作了一场《汾河湾》，就有些不同寻常。本书前边写道，《汾河湾》是青年梅兰芳常演的剧目，甚至是他三次冲击艺术巅峰中的第一次(与谭鑫培合作)。此后多年不演，20世纪60年代因为什么又与马先生合作这出戏？从梅兰芳说，他选择这出戏肯定能有许多感慨；而从马先生这边说，他民国十八年 (1929) 前，还公开自称是"谭派正宗 (须生)"，估计那时演出此戏不少；然而自树马派之后，再动此戏的机会就不多了。如今重新演出，总要有些自己的新东西新设计，否则是不宜匆忙上马的。如果此夕再动，双方 (梅、马) 如都能设计出一些不同于大路的演法，则必然引起轰动。再，这些新演法如果形成碰撞。如果这些尝试成为现实，那么对于京剧自身的起承转合，其益处必然是巨大的。如果真从"两院院长"的视角看问题，梅兰芳与其带团四处巡演，还真不如把前半生积攒下的"能戏" (如"梅八出") 逐一打造成更精的精品。带团巡演全国，应该不是梅兰芳的任务，至少不是他的当务之急。当然，他能带领这帮老弟兄在北京精益求精，其经济报酬也应"另说"。如果这样真做了并且做好了的话，那么后来梅先生陡然去世，也就不会造成前半生主要剧目都几乎失传的危险。

我一直在想：如何正确认识梅兰芳这个"两院院长"的职务性质，是我们的一大缺憾。如果上级的认识到位，如果梅先生自己的措施也准确到位，如果他能把这两个职务做实做好，那么中国京剧的内与外都不会像今天的这个样子。可惜啊可惜，我们在戏曲领导阵线上的领导，以及梅兰芳本人，都没能超越历史的局限，领导都在按部就班地领导着，梅兰芳也没能超越历史做出大踏步的飞跃。于是这一来，就让我们的京剧，按部就班地没落了。有些遗憾，但也没有其他的办法。

第十九章 "移步换形"谈话·我本无心

1949 年，对于中国来说，是一个重要的年度。梅兰芳也是如此，4 月份，他从上海乘火车赴北京，参加第一届全国文化联合会的成立。同车还有上海市的诸多文化名人。火车司机知道梅兰芳在车上，就主动找了一块凡士林布，上边再画上梅兰芳《天女散花》的剧照，最后悬挂在火车头上。同车的代表见了，向梅兰芳打趣说："真是好啊，我们是乘着'梅兰芳号'火车，前往北京的……"火车进入了北京的前门火车站，梅兰芳一下车，就看到久别重逢的梨园旧友，

▲ 梅兰芳出席第一次政协会议，与周信芳（右一）、袁雪芬（左二）、程砚秋（左一）合影（1949 年）

如萧长华、尚小云、荀慧生、谭富英等，月台上的人一看见梅兰芳，其他人就拥挤了上来。于是，迎接者中凡是唱武戏的演员，如李少春、叶盛章等，就自动前边开道："闪闪，让让……"梅兰芳一出前门，知道梅兰芳今天回来的人就更多了，就把梅兰芳前边的路，堵得更加严实。梅兰芳抬起头，仰望了一下前门箭楼，心说"您老可好啊，我有十多年没回来看您了……"正这么想着，一阵鸽哨响处，原来是一群鸽子从空中掠过。火车、前门、哨鸽……这一幅北

▲ 梅兰芳与梁思成（右二）、老舍（右三）、华罗庚（右四）出席政协会时合影

京风物图，给梅兰芳心中增加了很大欣喜。回到北京的次晚，中共中央举行宴会，欢迎上海来的这一行。毛泽东在宴会上握着梅兰芳的手说："听说昨天前门盛况空前，看来你的名声，比我要大得多哇……"梅兰芳紧紧握着毛主席的手，激动得许久说不出话来。总之，梅兰芳北上回到了故都，更回到新中国的首都，他决心就安家在这里，开始他新的生活。

　　1949年的12月份，梅兰芳参加完开国大典，就率领剧团经天津去往上海。北京梨园习惯这样做，在天津稍微停留几天，也演几出戏适应一下，然后再奔赴上海。天津是北京与上海的中点，地理上虽然与北京更近，但在审美上却位于二者之间。过去李少春从上海来北京，就在天津逗留了几天，他去北京是打算拜师余叔岩的，所以第一天就唱了双出（《击鼓骂曹》与《两将军》）。由于反响好，第二天上座就增加到八成，第三天更好了，客满。等第四天时，走道里就得加凳子。看，这就是天津的妙处。更何况北京天津离得很近，彼此梨园有什么响动，对方城市马上就能知晓。梅兰芳熟悉并喜欢天津，这也似乎是所有北京梨园人物的共同感情。在津期间，梅兰芳接受了《进步日报》青年记者张颂甲的采访。

见面后谈起来，梅兰芳才知道这张报纸就是从前大名鼎鼎的天津《大公报》，于是谈话气氛马上热烈了。他谈起4月从上海北上后的种种见闻，谈到天津在京沪之间所起到的作用，还预期此番到上海的演出。他还谈到，说中国有个成语叫"移步换形"，而现在开展的京剧改革，就应该力求做到移步而不换形，任何时候，京剧自身的那种气韵都不要有所失去……记者听了也很高兴，这篇采访记很快就以《"移步"而不"换形"》的标题发表了。

不料风云突变，北京文艺界一些负责人看到了梅兰芳这篇谈话，勃然大怒，都说"移步"了自然就得"换形"，他梅兰芳怎么胆子大到敢于反对起唯物辩证法了呢？于是底下一串联，决定必须反驳，有几位虽然是梅的老朋友，但在这个时候阶级立场不容模糊，于是也纷纷拿起了批判的笔，若干文章迅速准备了出来。只等中央发话，于是又一场政治运动马上"开锣"。这对他们来说，早已非常适应。但消息传到天津梅兰芳的耳朵里，这让他大感不解：咱们都是朋友，我认识您好几位也不是一天两天的了，怎么突然就变脸了呢？再说，我接受采访本是无心，从新中国成立前直到新中国成立后，我时常接受采访。报纸都是捧人的，即使要砸人，也砸不到我梅兰芳的头上。更何况，至今我也不觉得这篇谈话有什么错。京剧从谭老爷子那会儿就坚持改革，一步步走到了今天。这多不容易，虽然还是那个京剧，它的魂没变，但它的锣鼓，它的服装，它的种种的外形，可都变了不少。更大的变，是它的内在。齐先生当初跟我订交，就因为《汾河湾》里柳迎春应不应该在门里有表情。我觉得他说得对，就照他说的去做了。这样的变更，比外表上的更换一些服装要重要得多。让我们庆幸的是，就是这些年来的京剧之变，没有削减京剧之魂。这，或许就是我发表这篇谈话的初衷。我说过，我本无心，我发表任何谈话都是直抒胸臆，不遮不掩。我至今还觉得这篇谈话没毛病。也就因为这个"我本无心"，所以我说话比较直，比较大胆，我都是好意，也就没有丝毫的顾虑。我真不晓得，建国这才几天？怎么说批判就要批判呀？而且一来，就批到了我的头上？梅兰芳不禁惶恐了，他真是不懂得共产党，不懂得共产党的文艺政策，他更不知道自己应该怎么办……于是一连几天，他都没有睡好觉。人，明显消瘦下来。

　　《进步日报》记者张颂甲也听到消息，主动找到梅兰芳，问是否可以在报纸上发个声明，只说这稿子未经谈话者审阅，出了毛病则由记者承担。梅兰芳不以为意："再说，我还没觉得这篇谈话有什么不妥当的地方呢？"梅的秘书许姬传在旁边也插话："不必这样做，不必啊。因为有句俗话说——越描越黑……"梅兰芳仔细看了看这位秘书，他跟自己好几年了，自己还真没觉出他有这样高的政治经验。"越描越黑"——对呀，且行化妆不能乱描，一乱描了，不就成熊猫了？不能，我是梅兰芳，我要保护自己在观众中的既定形象。我不能随便妥协，我需要有一种定力，要把握住自己心态……

　　且说北京那边，想批梅兰芳的人也没闲着，他们知道，这一战役不同寻常，不打则已，打必全胜。中央宣传部也知道了，陆定一部长向上进行请示，得到的批复是不赞同。原因是考虑到建国不久，一上来就要批判梅兰芳，对党的形象不利。陆定一与周边的人商量了一下，决定希望采取缓和的办法：让天津召开一个座谈会，在会上让梅兰芳自己做一个自我批评……这样，天津市就召开了座谈会，参加的人都非常欢迎梅先生，以为能在台下一睹梅兰芳的真容，岂不大大光荣？真等到开会了，主持者请梅先生讲话——梅兰芳这才从容讲来，讲自己对新国家的新感情，也谈到《进步日报》的那篇采访记。他说，我本无心，是无心中说了心底最深最真的话，至今也没觉得有什么不对。后来与北京几位朋友进行交流，才觉得我的说法也有不妥之处。为什么"不妥"呢？因为移步就必须换形，这是马克思主义的基本观点，我梅兰芳又怎能违反呢？在场的人，一半清楚一半糊涂，正迟疑间，梅兰芳的话也说完了，大家热烈鼓掌，心想今天总算看到了台下的梅兰芳！这是我毕生的幸福！只是，只是有些不解，今天梅先生的发言有些言不由衷，似乎还带了一些检讨的味道。这，如果是真的，真是何必呢？他那么一个大艺术家，人家发表谈话，说的又只是京剧改革，人家有什么想法就让人家敞开说吗，这还是刚开头，就逼着人家换个形式做检讨！这，不好。现在刚建国，一切都是刚开始，对人家梅兰芳都这么不宽容，明天对待我们说不定会怎么样呢……

　　这件事总算圆满解决，梅兰芳舒了口气，安然带团赴上海演出去了。但他也确实领略到政府领导层的另一面，他知道自己今后还是少说话为好。自己的职责是演戏，而说话则是另一些人的专利。各有各的专利么，也好，自己就在自己圈子里生活，对圈外的事能够不说则最好，再不济也要少说。记住了——少说为妙，言多必然语失，这真是正确的人生道理啊。

作者品评

应该承认，我与《进步日报》的那位记者属于老相识。他是我爸我妈当年在《大公报》中的同事，只不过我父母的年龄比他大十多岁。新中国成立后来往也不多，是后来我父母蒙"改正"后才又有了来往，他最后的一个岗位是《中国建材报》的社长兼总编辑，最后以副部级待遇离休。我与他属于忘年交。他很早就把当年采访梅兰芳看成是他从事新闻采访当中的一件大事。他为我回忆了当年的种种，为我把这件事写进梅兰芳文化现象提供了重要的帮助。临到他离休，他还把当年采访的原始资料寄给了我，并且说："这些东西留给你吧，这是我在新闻采访中所遇到的最重要的事件。我老了，我已完成了自己的历史任务……"他如今还住在北京郊区，我们不时通一通电话。

这件事，也是我第一次写进我关于梅兰芳文化现象的专著的。自此之后，文化界陆续通过引述这一史实，来说明梅兰芳新中国成立后的心路历程。我今天回味这一问题，觉得梅先生自述的"我本无心"四个字，恰巧能说明一位大艺术家的独特而准确的情怀。我以为，一切真正的艺术家，都是应该把"无心"与"有心"准确地结合在一起。所谓"无心"，是指"无私心"与"无坏心"，是指无须他们就艺术圈之外的事物让他们勉为其难地发言。因为这不是他们的专业，他们即使是真说了，也难免泛泛，但只要是真的说了，又应该不失真诚。所谓"有心"，是指需要艺术家就各自的专业一再发言，发言越多越细就越好。这是他们作为艺术家的职责所在。新中国成立后陆续开展的诸多政治运动中，党都是鼓励文艺界人士勇敢发言，对文艺以及文艺之外的不正确的现象进行批评。

还讨论梅兰芳的"移步而不换形"是否符合辩证法的问题。孤立看来，既然移了步子，看问题就自然要有变化，处理问题中就自然要换形。这不失为唯物主义的辩证法。我承认这一点。但我们却经常犯简单化的毛病。真正高明的政治领袖，往往是最善于戴着镣铐跳舞的。我们看《列宁在十月》的电影，就发现列宁在十月革命刚刚胜利的时候，与水兵一起观看芭蕾舞剧《天鹅湖》。列宁并没有强调芭蕾舞也需要改革，恰恰相反，他看得很投入，他以为自己的这种态度，是对俄罗斯传统文化的认可与支持。显然，这样的态度是正确的。有了这样的前提，再看建国初期进行的"戏曲改革"的诸多政策，恐怕就有再进行探讨的必要了。诚然，我们取得了可观的成绩，但有没有操作过头与失之准确的地方呢？当然是有的，被损害的人大多早已去世，但这不能成为我们拒绝清理这些问题的理由。比如旧戏班的利弊问题。有利就会有弊。我们过去对弊看得比较清楚，而它利的方面，尽管我们在新时期中都将之恢复在新型的剧团中，但我们远没有为它们正名，所以执行起来缺乏足够的反思力度。而梅兰芳提出的"移步而不换形"，恰恰是一个重大的实践课题，它需要仔细的操作，需要积累经验。让人欣喜的是，以梅葆玖为团长的第二届梅兰芳京剧团在建团宣言中，就明确提出要以"移步不换形"作为建团宗旨。这，是非常让人欣喜的消息。这，同时也说明在梅葆玖身边，如今也有了如同过去齐如山先生那样的文化高人。由这种现象所启示，我们发现梅兰芳过去没能完成的，现在由葆玖继续其使命了。虽然京剧的活动范围与深度远不如当年，但今天艺术与政治的关系却基本摆正了。

第二十章 流派亦难·如何再动起来

对于京剧流派，梅兰芳似乎生前没有说得太多。梨园一提流派，梅派首当其冲——只要他还在世，谁还能不提梅派呢？梅兰芳却这样想，只要自己活着，只要自己还登台，观众就能看见"我的全部"，而不是空洞的一个名词。只要人活着，只要还能演戏，那问题就不大。关键是得活的，得能动起来演戏。

虽然这样说，梅兰芳也不是没看见流派的难处，总的数目就有这么多，而且几乎都是新中国成立前留下来的。新中国成立后出现了张君秋与裘盛戎两个新人，但那都是新中国成立前打的底子，新中国成立后又碰到了好的机遇，一下子也就喊响了。至于其他，还有一些与他俩接近的，就没能喊响，于是就更没能立起这个"派"。梅兰芳以为，只要人在，只要常演戏，不愁自己的"派"出不来。也许别人会说：敢情您梅先生不着急了，您那派早就好端端出来了，并且是整个梨园数一数二的派了，于是您自然不急了。可我们的时候不好，再加上我们的姓氏也不好，我们是个大姓氏，姓我们这个姓的人太多，甚至在我们前头，早就有人用这个姓称了"派"啦，这弄得我们很尴尬。我们还称不称派啦？称吧，好像蔑视前人；如果不称，那就再没机会了。您看，古往今来梨园那么多的成功人士，有几个叫了"张派"、"王派"、"李派"啦。姓这些姓的人太多，真的不好办啦。不像您，姓梅名兰芳，既没有重姓的，也没有重名的，只看见您一出来，就堂堂正正站在戏曲史中，并且成为里程碑一样的人物……

您大概会摇头："怎么没张派？不是有了君秋了吗？"

"我们不敢跟您顶嘴。他确实是应该。不过，咱们先换个话题谈一谈李世芳。如果李世芳不死，如果李世芳还活着，如果他如从前一样的大红特红——

首先，李世芳自己就难称派，如果李世芳不称派，他张君秋也难。首先是京剧观众会分流，听旦行的就那么多人，听了世芳就未必再听君秋，反之也一样。'李'可是大姓，敢称李派尤其不容易，老前辈那么多人还没称派，他李世芳就敢？当然，如果李世芳先敢了，他张君秋随后，也就容易多了……"

梅兰芳笑了："也对啊，没想到这中间还有这么大的奥秘。那么，你再给我讲讲，流派是怎么起来的，第一流派始于谁呢？"

"我，我可大胆着讲了。不过，您，您可不许生我的气啊……"

"好，不生气，你讲吧。"

"要照我说，就始于您——时间大约是 1920 年前后，先是光有您的梅派；等到 1927 年四大名旦一出来，四个流派就有了。旦行有了，不能忘记生行。随后的四大须生，一下子又是四位。四大须生分为前中后三期，所以老生流派远远多于四个。在四大名旦之后，又出了四大坤旦与四小名旦，如此种种，一下子出来许多，占一号就称一派。再者，不能光有后辈就没有前贤，于是往前又追封了谭派、杨(小楼)派与其他十来个派别，您需要我给您逐一地都数出来吗？"

梅兰芳又笑了，他转而沉思起来，慢慢又说："就说四大名旦这四大家吧，也不是没有问题。有三家是青衣，外加一位花旦，各人都是各人的情况，彼此真还不太好比呢？"

"不太对吧？ 1927 年，您四位刚出来时，报纸上就您四位的情况，还分项打过一张评分表呢！您的平均分高，但又不是每个单项都占第一……"

流派	扮相	嗓音	表情	身段	唱功	新戏	总计
梅	90	95	100	95	90	95	565
程	80	85	90	85	100	100	540
荀	85	80	90	90	85	100	530
尚	80	90	80	80	90	85	505

梅兰芳想起了那张评分的表格，流传至今，其大体上还算公平。梅忽然问起来："我跟您说一件事，就是我们当年的评分表上，有一栏的标准叫'新戏'，今天孩子们排了'新戏'的人——"

立刻接茬回答："——可就太少啦。不过那时候只要谁好，就给他排出'新戏'，戏班内外不会有异议，今天就不同了，排出'新戏'不是件容易的事，就算领导喜欢你，但把这出'新戏'的名额给了你，也要经过不少的周折……"

梅兰芳点点头："再说，什么是'新戏'的唯一标准，这恐怕也很难说呢……"

对话的这位连连点头："就是，就是……"

梅先生又说："那时候观众少，剧种少，审查的标准也少，很多事还算好办。如今呢，要想评选，不能光想着北京，南边也不是只有上海，全国主要城市都要照顾到，这评审标准就很难统一。今天谈话就算开个头，等以后有空了咱们再聊，行吧？"

"当然。当然……"对话者心想：梅先生这样对咱们，咱们还能说不行吗？……

关于流派为什么没有后继之人，梅兰芳只感到遗憾，真正的原因他也说不准。新中国成立前看戏，很大程度上是瞧人——演员，看他身上和嘴里怎么样，是学的谁，学得有没有模样或走样。至于剧本本身，就很少有人推敲。新中国成立后看戏，与从前有了最大的不同，是政治标准第一，剧本不能反动，不能有政治上的问题，比如老戏中把农民起义的领袖按照毛贼处理，如今就肯定不行了。他们是英雄，是推动历史前进的动力，不能让他们随便抹脸，得认真勾脸，而且这脸跟那脸也不一样，用什么样的脸谱，也体现出你自己的阶级感情……这么一说就没完，其实还没说到戏本身上呢……梅兰芳回忆起，新中国成立后净行人物的推陈出新，表现在勾脸上的问题就很大，郝寿臣、侯喜瑞他们的学生，好像就没怎么排过自己的新戏，更甭说勾过哪些被内行公认的脸谱了。这，难道不是个问题吗？

梅兰芳又想起旦行中的荀派和筱派，后者从前是以演淫娃荡妇——这个词实在不好听，咱给改叫"不太本分"的女性吧——起家的，什么潘金莲，什么赵盼儿，还有什么什么，我都记不住角色的名字啦。反正，如果你看过他的《挑帘裁衣》或《活捉三郎》什么的，你是不会忘记这位演员的。他确实有他的独到之处，京剧空间应该大一些，应该允许他发挥特长。但他们这些戏，以及戏中这些人，似乎与新社会不太相融了，新观众会对这些戏作政治上的批评，这样一批，他们就被动了，在这样的环境里，他们确实是说不出什么来的。但如果轻易地把他们的剧目与流派剔除了，那京剧的范畴似乎就小了许多。真走到这一步，似乎也不好。这，就是站在新中国成立后的新立场上看流派，不同人彼此间的区别，也应该说是很大的。甚至是有些戏应该保存，另外一些戏就应该铲除的。一说这话，就伤人了，我虽然不会去说，但这个矛盾不是没有，我不讲也有人是一定要讲的。所以说，在京剧现有的三十几个以姓氏命名的流派中，彼此间的差异实在是太悬殊了，悬殊到甲派可以富贵等身，乙派则会败走他乡，甚至流落到乞讨的地步。说流派的繁荣，先得弄清楚这一问题。可要想弄清楚这些问题，又绕不开诸如批判谁打击谁的麻烦，我自己多演几出戏尚还不累，让我一介入这些问题，就头疼不止。啊，一想起就头疼难忍啦！

梅兰芳一想起流派问题，脑海里就波涛翻滚，他知道这个问题牵一发而动全身：必须对此前所有流派做一番清点：看哪些是好的与比较好的，哪些则比较差或非常差的。如何把好的与比较好的进行整理光大，如何把差的和比较差的进行抢救。至于非常差的是否就应彻底铲除，梅兰芳心里没底，如果真是非常差了，他当初怎么还能出得来呢？还有这抢救二字应该由有关领导去说，反正我是没办法说出口的。就如我，如果《贵妃醉酒》不做那番改动，就能说我这个流派还算是好的或比较好的吗？反正现在的问题较多，不清查流派的现状，戏不是也还在演吗？但要想把流派视为一个问题，就需要认真做一番研究，这既是非常必需的，又是需要防止武断与粗暴的。这需要请高人，反正我是干不了这个的。尽管，我对之也还是非常关心的。

作者品评

我从 20 世纪 50 年代后期开始进入剧场，首先还是看那些优秀的演员的戏，至于流派，虽然也接触了一些，但还居其次。等 20 世纪 70 年代末进入中国京剧院，流派在我们中国京剧院的"势力"并不很大，因为剧院有编剧、导演、音乐与美术设计很大的一套班子，关心并介入了每一个新戏的创作。我们可以并必须以独特的角度介入艺术创作，以自己的创作来表达自己的态度。在我们那里，流派是要服从于人物的塑造，这似乎是一个不能改变的律条。况且，"文化大革命"前有流派痕迹的老演员也极大地收敛了，我们剧院唱的戏，都要以唱人物作为最根本的任务，没听说谁把戏唱红了是归功流派的事。

等我"后来被任命"为剧院的研究部主任，才渐渐把"流派"看成是一个不容忽视的议题。我访问过四大名旦的家族，他们每家都有不可忽视的特征。1995 年我写《梅兰芳百年祭》时，曾对比写到他与周信芳的十项不同：

一、幼年所处的梨园氛围不同，从而造成的最初人生追求也不一样

梅是梨园世家出身，祖父梅巧玲很有名，虽然家道中落，但梅兰芳依然怀抱重振家风的雄心，亦步亦趋跟在梨园前辈的身后，循规蹈矩"做"着自己的一切。周信芳的家庭远没有梅祖父那样大的名气。他本人早年在南方学艺初成，后也来到北京的"富连成"科班借台练艺，但他心中自有"什么才是真艺术"的标准，这从他早年观摩谭剧后所写的几篇文章中可以得到证明。

二、做成自身"看家戏"的途径不一样，从而成材的途径也不一样

梅、周各有"看家戏"若干。梅早年也排演了大量新戏，但同时并没忘记琢磨老戏。他习惯"两头做"——一方面把"旧戏做新"，同时又注重把"新戏做旧"，使得最后形成的"梅剧"，得以凝结成一个有机体。周信芳的做法则不同。他一生似乎是个"三段式"——早年带着强烈的批判精神，去北京观摩占据着正统地位的"谭剧"之表演方法与舞台样式；稍后回到上海，连续演出大量的新戏。大写意，大挥洒。在一味追求"新"中也暗含着若干的"旧"；抗战胜利后，又一改从前风格，重新演出旧戏，并精心雕刻，起着刀斧作用的，则是已成风格的"新"。

三、对待新戏处置的方法不一样

梅早期身边有很强的智囊团，遇到新戏，给梅出主意的人很多。梅可以站在很高、很远的地方静观，一切慢慢来，自己有足够的时间做最后的抉择。周则不同，他从一开始就进入创作过程，他可以一身兼任编剧、导演与前后台经理的职务，越多越不乱。

四、最基本的艺术风格很不一样

有人说，梅兰芳的基本风格是华美，而周信芳则是壮美。与其这样讲，似乎还不如说——梅兰芳更多坚持了古典艺术的平衡美，周有时则稍微偏离，凸显了现代艺术的单项美。

五、总结艺术经验的办法也不一样，总结出的经验形态也不一样

梅兰芳让人"管"惯了，演出前和演出中是这样，演出后还是这样。从各个方面为他操心的人很多，许多事都是由别人先替他想到甚至是做到了。总结艺术经验一事，梅生前就没很主动地进行。所以当梅偶然谈及，其经验就容易呈现"点"或"线"形态。周则是个各方面勤于用脑的人，他接触的人门类很广，他对自己的经验也非常清晰，因此在"做"自己的经验时，也力求从梨园习惯的"点"与"线"，升华到梨园还生疏的"面"及"体"。

六、传递艺术的线路很不一样

梅兰芳遵循的是"京朝派"的旧习，纵向传递。40年代谈梅派传人，当推李世芳、言慧珠；如今谈梅派传人，当推梅葆玖、杜近芳。麒派则十分特殊，"来处"就不明确。人们很难说出谁是周信芳最有影响的师傅，同时想找出他最有影响的徒弟也同样很难。奇怪的是，反倒有几位不是老生行当的其他演员（如裘盛戎、袁世海、高盛麟、赵晓岚）非常出色，据说他们身上都有非常标准的麒派色彩。

七、统领同行的方式不一样

梅兰芳是王者风度，从不有意统领而下边却争相有人"臣服"。周信芳则是用现代方法管理同行，注意科学精神与管理实效。

八、各自作为"社会人"的现象不一样

梅兰芳高高在上，超脱潇洒，是一尊人格神。周信芳则脚踏实地，身先士卒，要求别人先要求自己。

九、双方所处的文化背景不一样，不一样的背景文化对演员的要求也不一样

梅兰芳久居京城最大剧种之中，从没人敢向他挑衅，也没人能跟他争霸。戏迷和其他阶层的人都习惯"捧"着他。周则不同，他是从血路中冲杀出来的，他每行一步，都要左右环顾，然后再伺机从旧的血路杀上新的血路。

十、双方毕生的行动轨迹不同

梅兰芳一直以北京为基点，几番南下上海，更几番出国，最后都名正言顺地返回北京，一回北京，他就彻底地踏实了。周信芳把上海看成是自己的大本营。直接、间接从国际大环境中取得营养，面对北京最保守的传统，发起一次次的强烈冲击。成功了，他不休息；不成功，他仍然努力，再发起第二次的冲击。因为上海从来不是凝固的，所以在周信芳身上，也难以找到凝固的特征。

在那本书中，我最后还归纳了两句话：如果京剧处在顺境，就不妨"从梅看周"；如果京剧出毛病了，就何妨"从周看梅"。不知道我的这个观点，您同意否？

此外，我还在2000年出版的《梅兰芳与二十一世纪》中，谈到梅兰芳与程砚秋的不同。一共八点：

一、梅派艺术有华彩，本质是信奉中庸，各艺术单项之间尽力平衡。因此平均分高于其他人，在和谐的竞争中容易获得胜利。他的舞台面貌似乎像是"大路货"，但又"没法学"，艺术一直处在京派京剧的中轴线上，其位高也，故称"王者"。程伶砚秋，早年学艺当中遭大曲折，恨而愤走，终成一家格局——且是大格局与大气派。他抓的是最重要的"唱"，连王瑶卿也认可这一点。其人柔中有刚，是"霸者"的典型。惯于叛逆，惯于挑战，不喜欢平淡而又舒适的生活。

二、梅兰芳从容大度，几乎"无性格"，从不得罪人，但又不是"无原则"。当抗日战争逼近他时，毅然蓄须明志，他始终立于高处，愿与任何人和平共处。大多数人愿意接受他，其位太高，不是寻常人就能侵犯与对抗的。程则极有性格，很多地方都愿意讲清楚更做明白，因此有时就不免会得罪人。唱的是男旦，但心性极崇高，不容别的恶势力半点冒犯。

三、梅兰芳如有神助，自然而然地"广结交"（包括不同时期不同地域对立着的各方面），梅出外巡回时无须拜码头，各路恶势力从心里就不敢冒犯他"梅大爷"。知道自己一旦惹上了，越到上面就越麻烦，上司绝不会给自己"好果子"吃。程为人上更有平民色彩，喜欢结交民间朋友，愿意以平等身份，与民俗界有一技之长者请教，并平等地成为朋友。遇到邪恶势力打压自己，就奋不顾身拼死硬抗，打落牙齿也向肚里吞。

四、梅对家庭下人和睦，有洁癖，据说常把破旧钞票拣出，命仆役们先行花去。但20世纪40年代在上海，遇到财界人士拉拢他做投机生意时，又婉言谢绝。事后对家人讲，我若昧了天良做赢这生意，就该有人跳黄浦江了。程在钱财上比较分明，一就是一，二就是二；我不赚别人的，别人也别算计我。在私人生活上非常严谨。新中国成立前置办私人住宅，也要先给几个哥哥备好，然后才给自己买。

五、梅兰芳一辈子似乎没怎么费心，顺风顺水就都过来了。这大约是"王者"的命运在暗中保佑。而程的命硬，于是就索性不信命。只信自己的努力，有时努了力而无结果，那心里就赌气，就发愤。这，大约也是"霸者"所共同的吧。

六、梅兰芳走向世界是以自己的艺术，程的机遇不好，便转向了研究。即便这样，程为人的理性也比梅浓厚。

七、梅兰芳不太关心政治，而政治时时来"关注"他。梅兰芳内心最景仰的，乃是"无为而治"。程则非常关注政治，而且越来越关注。但梅兰芳依旧是梅兰芳，当周总理后来问到他，是否要仿效程的例子，需要周与贺龙元帅为他担任入党介绍人的时候，梅兰芳的回答竟然是："这样的例子一开，影响则很不好。如果认为我达到了入党标准，就请我所在的两院之党委书记，做我的介绍人吧。"周总理深为梅兰芳的这一态度所感动。

八、梅兰芳的家风随大路，注意培养传人。程则断然指出："梨园是个大染缸，绝不许我的孩子再学戏。"同时本人也绝对不收女弟子。

上边引录了我过去对梅派分别与麒派、程派的若干比较，尽管我至今仍然认为大致是准确的，但这些都是理性的探讨，并不能代替艺术实践上的创造。这些流派昔日在创造时期时，经常是今天东云露一麟，明天是西云露一爪，这样几"露"之后，再统一平衡之并规划之，慢慢流派就有了些大模样。等大模样确定，再精心仔细推敲，这样几番反复，流派才有了大的框架。据说张君秋的流派艺术，最初就是由几个特殊的音(阶)萌生出来的，因为在他以前，似乎旦行其他人还没有这么唱的。由他一打头，这唱法兴开了，他推而广之，这些萌芽也就慢慢形成了独特的一派。从这引申开去，似乎可以得出这样一点认识，它是我们过去没怎么注意的，那就是流派的涌现，往往具有突如其来的特征，它没有头绪，也没有整体盘算，往往是在诸多细节上"起身"，把若干个"细节"一"加"(或一"减")，流派的基本特征就出来了。在流派东一个又西一个奔涌而出的年代，梨园走的是一条知性的道路。何谓知性呢？它横亘在感性与理性之间，但又不同于它们两个阶段。中国诸多民族、民间的文艺，都往往经历过知性的阶段。如果仔细研究中国的京剧，这知性似乎也是迈不过去的一个命题。说起知性，这话就远了，同时也沉重了许多。如今呢，流派要受到诸多理性的制约，唱腔要先有曲谱，演唱时不能随心所欲，还要受乐队指挥那根指挥棒的控制，演员不能根据当天在戏园子的诸多具体条件的影响去放任自己的嗓子与唱法，换言之，今天的条条框框太多了一点，演员再也自由不起来了，还何谈新的流派了呢！

第二十一章 男旦是非多·我今挺之

大约从没人敢与梅兰芳谈及男旦的"是非",但是,关于男旦是否还需要培养的事,有关方面就擅自决定了。这,或许就是让梅兰芳感到烦恼和头疼的问题。

梅兰芳是男性,比他大半辈的王瑶卿是男性,梅兰芳的师傅陈德霖（年龄要大梅兰芳三十二岁）还是男性。梅兰芳之前的旦行都是男性,因为那会儿的戏班也全由男性组成。这还不算,台底下看戏的人也同样是男性。直到有了大户人家的堂会之后,堂客（女性）才允许在楼上看戏。又过了很久,女性开始允许进剧场,但只能与自己的家人同坐。再往后很久,才有女孩子进戏班唱戏,她们出科之后,就组成女艺人的戏班,台上全是女性,而台下看戏的人则主要还是男性。可以说,自京剧挺进京城之后,戏园子内外基本是男性的天下,渐渐地,有女性进入,但依然成不了主流。

问题还有另一面:戏班是男性组成,一是无奈,二也有合理一面,它好管理。但戏台上边的故事（即剧情）却一定要有男有女,有时甚至要以女性为主角"才好看"。舞台上有女性角色,但台下没女性,这就给舞台上的故事以很大的发挥余地。看戏者有性的需求,演戏者也未必没有需求,恰恰因为台下没有女性观众,男演员演起来就可以肆无忌惮,就可以黄色得无以复加。所以,在清朝末年到民国初年,一度舞台上淫荡之戏横行。那时演出分前轴、中轴与大轴。真正严肃的演员唱最后的大轴,而前边的中轴,则由最有市场的黄色剧目所占据。没有像样的中轴,戏园子同样是卖不满的。以前门外那许多戏园子为例,它们位居要冲,看客中以商人居多。商人多是从外埠来到北京的,一来就要住大半年或更久,性饥渴煎熬得他们非常难受,如果频频去八大胡同去解决表层问题,似乎不如进戏园子用性文化刺激一番。这，似乎就是淫荡之戏长期存在的社会基础。直到民国后很久，社会与商业的发达，使得通过看戏去解决性饥渴不再成为不可逾越的唯一方法，于是这些黄色剧目才渐渐消除。

应该承认，男旦的存在及走红，在旧社会中也带来相当严重的社会问题。男旦演员作为"人"，他不是孤立的，背后有拥护并支持他的社会基础，于是，一些有伤社会风化的事就层出不穷。文艺作品中每每写道男旦，便也不会忘记他们所带来的负面效果。但这效果也并非很大，第一，梨园是个自我封闭的系统，它四周有着一道很高的风火墙，能隔热隔水隔离各种有害的因素。要真的坏吧，它基本就坏在梨园内部，再怎么也坏不到社会上去。第二，社会对梨园的蔑视，也起着自我保护的作用，整个社会与梨园之间存在着一道鸿沟，戏子是轻易跨不出这道篱笆墙的。第三，同性恋问题在社会上受到鄙视，所以男旦一旦发生问题，很难引起社会的同情。于是，从民国到新中国成立的半个世纪中，尽管由于男旦演员演出的各种故事多很"生动"，但实际造成的恶劣影响，还是控制在一个很小、很浅的范围内。

新中国成立后，党和政府打造出一片新天新地新国家，在戏曲战线上，也呈现出一片崭新气象。似乎是周恩来总理亲自介入，听说他亲自召集越剧的女性小生演员谈话，提出越剧以女性演男性小生是旧社会中自然形成的，"那么在新社会中，让男演员去演出男青年男书生，似乎就不是没有道理的了。"（大意）周回转身又进入京剧圈中，也说了番相似的话，声明已经成名的男旦可以继续演出，劝告那些还准备"男扮女"的青年，就不必再走这条路了。周对越剧的讲话，似乎是细致而切实的，似乎也有资料所存。而他对京剧界的指示，似乎还没有准确的文件记录。但在这番话的精神之下，中国北部的各处戏曲学校，再招生时就把男孩子学旦行的路给彻底堵死了。十七年中，只有数字极少的男孩偷偷地学习着男旦，他们读不了戏校，也就无从毕业分配工作，私下模仿某个京剧男旦，只能有兴趣于一时，长久则难坚持，往往半途辄止。因为从业之难难于上青天啊。

"文化大革命"要解决的不是男旦，而是走什么路线的问题。如有男旦碰到枪口上，那首先是"坏分子"，顿时就给抹黑弄臭，应该不难。一直到粉碎"四人帮"，文艺工作逐步走上正轨，男旦问题也一直没纳入拨乱反正日程。一是它问题太小以至于"提不上"，二是该解决的事情太多，于是一误再误。而招收什么青年进入戏校，往往要和有特定气质的青年的年龄有很大关系。如果他七八岁或再小一些，及时把他招进来，让他练功，还来得及。如果荒废光阴一两年，他的胳膊腿都硬了，再练功也不管事了。耽误了一个男旦的青春，不是浪费了一个人的问题。一个有素质的男旦的被招收，往往会决定一个团（甚至是一个剧种）未来的命运。这样一看，问题也就大了。

梅兰芳呢？他身居"两院院长"的高位，这些情况似乎他应该知道。但，如果说他不知道，或者下面的人认为根本无须让梅先生知道，似乎也不是没有道理的。诚然，他的"两院院长"的任命书，是周恩来亲笔签发的，是在行业中郑重任命的，无论谁都不能说"不知道"。但外人（或社会）怎么看待这一任命？外人会说："他不过是个男旦，或者往大了说，是个唱京戏的，是个演戏的演员。"在社会的心目中，他当这当那，都是聋子的耳朵——摆设。真干不能靠他，尤其他本人还是个男旦，党在这方面的政策，他就不便于出面，他怎能自己说自己呢？真让他出来说，究竟他是站在什么立场上说呢？一种，让他现身说法，讲男旦给他个人带来的危害。这样做了，或许比我们的党政干部出面讲还"好"，但他梅兰芳就尴尬了，他能这么做吗？难，难了。再一种，是他思想上有抵触，宣讲起来不着边际，他自己也痛苦，政策也得不到贯彻。所以说，怎么都不好。最好的办法是让他回避，至少他在这个问题上，是"没有发言权"的。

真的是这样吗？而且这项政策究竟对于戏曲艺术培养接班人来说，究竟是正面的意义大呢，还是负面的影响大呢？我想，如果梅兰芳能够知道这些细节，他一定会痛苦的，因为他或许有自己的想法，但是他不能公开说。

还有一种可能，是在公布这项政策的当时，梅兰芳根本就不知道。等以后他辗转知道了，会有些遗憾，但转念再想，觉得所在"两院党委"这样做，或许也是为自己好，他释然了。这，或许也是真实之梅兰芳的一种存在或状态。

作者品评

我自从研究梅兰芳文化现象起，就一直非常关注这个问题。

我的态度旗帜鲜明：挺梅。把支持什么说成"挺（某）"，是香港著名企业家霍英东的习惯。据说在选举香港第一届特首时，曾一度传出要选他霍英东，呼声还一浪高过一浪。稍后，他在一个正式场合公开表示："（我）挺董（建华）。"这件事被传了出来，于是大陆不太常见的"挺（某）"，也便成为一种公开的用语。

京剧是古典的，是一种虚拟艺术。如果承认这一点，就应该允许它与现实保持比较大的距离。在我们习惯的两种演员（本色演员与性格演员）中，京剧最拿手的办法就是自由塑造性格角色。而男旦，恰恰就是性格演员的翘楚，是达到了极致状态的。您可以认为，甲演员扮演同性别的某某角色非常不容易，他也属于性格角色的范畴。这我不反对。但是我要说，如果某个男旦演员，把一个非常有性格又非常有建树的女性角色演成功了。那么容我试问：他男旦的这番努力，是否就要超过其他所有的"男演男"的艺术实践呢？我的回答：是的。所以梅兰芳是伟大的，是前无古人又横无同辈的。他是一个超人。是一个卓绝而正直的艺术家。过去的男旦演员，每当他要去扮演一个没演过的人物时，首先考虑的往往是使用什么样的功法，如果功法选择并运用得贴合了这人物，那么其实也就成功了，而今天的女性旦行演员，往往从自身女性之心理状态去揣摩剧中人物，功法上的考虑就会少许多。

从这个意义上讲，京剧之所以成为京剧，第一意义（价值）就在于它有了阴阳颠倒，它存在着男扮女与女扮男，在事实上，其男扮女的艰难程度远远超过了女扮男。所以我说，如果京剧失去了男扮女，那它在文化层次上就肯定要跌落很多，它就会跌落到一个相当低的层面之中。而在我们的古典京剧中，由众多男旦扮演的古代女子，又都是非常不同于现实状态的，"她们"又分为若干个层次与级别，让男旦演员不费太多的力，就能把握出一个大致的标准。所以说，我们的这份家当之所以能保留到今天，这让我们真应该无比感谢我们的老祖宗，把"这一手"（乃至"许多手"）置于世界艺术之林中，让我们的脸面都充满了光辉。对比之下，即使我们的艺术因个别男旦演员的不检点，而发生过这样那样的丑事，但这也是无损于其整体艺术上的光辉。您不妨设想一下：如果今天的京剧不是以梅兰芳这样一位青衣演员担任"领衔"，而是更换为以马连良或周信芳"领衔"，那将是什么模样？显然，要掉下几个台阶来的。我甚至想，如果万一不是梅兰芳的话，宁可也得是程砚秋或尚小云。程比较"近"，而尚比较"古"，程比较"雅"，而尚比较"俗"——尽管他两位比不上梅，但比起老生来，还是绰绰有余的。这就是说，中国京剧必须以大青衣领衔——尽管这样讲比较伤害其他的行当。但，这终究也是事实。

我在20世纪80年代中期投入到辅佐程派女演员李世济的创新工作中去，可以自我安慰的是，最后以我写的剧本《则天武后》的演出成功而结束，该戏获得文化部颁发的第一届文华大奖。但也有一个反差很大的现象：我辅助的是位杰出的女演员，但丝毫没有影响到我对程砚秋以及他后来的诸多男弟子的兴趣。据可靠消息说，著名程派男旦赵荣琛曾对他身边的人说："看来，现在工作在世济身边的徐城北，对程派本体很有兴趣。如果将来能把他请到咱们这边，应该是很能起些作用的……"当时，整个程派呈现着"三驾马车"的架势：依照演员的年龄与影响排队，自有其顺序：赵荣琛、王

▲ 作者与翁偶虹先生摄于翁宅门前

吟秋、李世济。前两位是男旦，只有世济是女性。我工作在女性演员身边，却想着男性演员的魅力，这本身就值得琢磨。还有那位王吟秋，他本来与我保持疏远，后来1995年一同参加第二届中国京剧节，关系就渐渐密切了。电视台采

访他对男旦的看法，他这样泰然回答："关于男旦，我同意徐城北同志的看法，你们可以去采访他……"云云。这样，我们就更熟上加熟了。今天回忆我在20世纪八九十年代与程派"三驾马车"(赵、王、李)之接触，也颇有感慨：因为与李世济夫妇合作较多，他们对我的艺术见解也影响较大；如果我能早生一二十年，能够在赵、王二位风头正健的时候"伺候"上他二位，那么我对京剧的理解就必然与今天之我不太一样。

说到我对男旦的基本看法，不外有二：一、男旦的舞台青春明显比坤旦长久，一般说，超过了三十岁，戏曲女演员的青春就将结束。而男旦演员唱到六七十岁，问题不大。二、这是更重要的，戏曲艺术是虚拟的艺术，不是用自然主义去创作的。因此戏曲服装不去表现演员的胸部和腰部，而要用诸如指法、水袖和圆场的办法来处理。是这些功夫，让男演员在表达"性"上边更自由也更潇洒同时还更洁净，而女演员做起来就非常吃力了。我觉得，这些观点在当时也"前无古人"，至今我仍然以为是正确的。

第二十二章 花雅之争·性与京剧的起源

花衫的兴起

京剧界有一种流行说法，讲花衫是介于青衣、花旦之间的一种行当，是由梅兰芳所创始的。这说法很不准确，因为花衫算不得行当，只是为突破行当间的藩篱而形成的一种方法。其发轫应追溯到王瑶卿。王本工青衣，但在演《四郎探母》中本以花旦饰的铁镜公主、《万里缘》中本以花旦饰的胡阿云和《十三妹》中本由花旦、武旦、刀马旦"三门抱"的何玉凤时，全都融进了青衣技法，从而形成了崭新的人物形象。可惜王瑶卿中年倒嗓，转而教学。"四大名旦"皆出其门墙，其中特别是梅兰芳，他把王瑶卿的这一尝试性探索接了过来，通过十数年锲而不舍的多层次、多方位实践，终于树立起若干不是以往单一行当可以完成塑造的鲜明人物形象。是梅兰芳于不知不觉中先干了，并且一点一滴地干成了，这时人们才猛然醒悟又幡然思索——梅兰芳手中的"法宝"究竟是什么？

是什么，不好说。因为这是梅兰芳的前辈所没有也不允许的东西。不好说又必须说，一则梅兰芳的名气太大，二则他的"玩意儿"也确实超过了他的前辈。思来想去，不知是哪位聪明的老先生灵机一动，遂为梅这种不拘一格地塑造人物的方法起了个"花衫"的名字。

从表面看，花衫同时具备青衣、花旦的一些对立性因素，仿佛是二者之间的一种新行当，但仔细检视梅中年以后的代表作，又很难指出哪一出就是用花衫行当所饰演的。同时，注意一下梅晚年的演出，一方面我们承认梅是以青衣应工，但另一方面又感到已不是传统意义上的青衣。由此可见，花衫就本质讲仍不失为旦行演员突破行当限制的一种创造性方法。

花衫绝不是无缘无故地来到人间的，也不是人们在艺术审美当中一种纯主观的要求。花衫的出现有其不容忽视的客观背景。这就是历来所讳言的——性心理学在欣赏京戏中起着很重要的作用。尤其是到了清末民初，客观环境又引发了畸形的性心理观念，并使之在梨园内外反复渗透……下面我们在谈花衫是如何"应运而生"之前，就不能不先谈一下畸形性心理观念为京剧界造成的两个"不光彩的传统"。

淫戏与相公

清末民初，是不许女人进戏园子的。因而那时北京前门一带密集的戏园子中，淫戏虽不能跃居大轴，但数量可观，而且在中等以下文化程度的观众中影响极大。那时的男性花旦演员扮相不好，但演起淫戏来，做派能逼真到肆无忌惮的地步。像经常在中轴位置演出的《双摇会》，写一个小生的两个媳妇，为了争取与丈夫同房而掷骰子赌输赢——谁的"点儿"大，丈夫就住在谁屋里。她俩掷来赌去，发生了纠纷，又引出两位趣味低下的邻居来调解，这一来更乱了套，肉麻的玩笑开起来没完。另一出淫戏《画春园》(又名《迷人馆》)，小花脸雷不击与花旦九花娘在舞台上进帐交欢，竟把鸡蛋清甩向了前台……像这类戏，其中没有唱、念、做、打方面的真功夫，按说应为京剧的基本观众所不取，然而也怪，它们久演不衰，原因是前门地区居住着大量的外地商人，做生意需长期出门在外，就难免有发生"性饥渴"的时候，解决的办法无非两条：一是去妓院，二是去戏园。二者互为补充，满足了这批数量可观的商人在肉体和精神上的需要。后来，一些名演员也参加了演淫戏，路三宝、王慧芳演出过《双摇会》，余玉琴、筱翠花演出过《画春园》。甚至在民国建立后的大义务戏中，出现了"四四"《双摇会》——一个小生的四个媳妇在掷骰子赌输赢，闹得一塌糊涂之时再出来四个邻居劝架……由此可知，粗野淫秽要算是京剧的陋习之一，它发生在不准女子进戏园的社会条件下，首先是为了满足客商的"性饥渴"。自民国初年女性观众进入戏园之后，淫戏就开始收敛了。

在清季，官吏嫖妓是有辱官声的，但逛相公堂子则被默许。相公这词儿，据说是由"像姑"二字讹呼形成的。那些面目娇好的童伶，貌如女孩子，一方面在相公堂子里学唱男旦，要学会模仿女性的害羞，更要学会向男性发嗲；同时兼营相公职业，从侑酒直至发生猥亵行为。渐渐地，"老斗"（从经济上和人事关系等方面给予支持）和"捧客"合二而一起来——"这些冤大头每逢观剧，必坐于下场门，以便与所欢眼色相勾。而诸旦在园内有相知者，或送果点，或亲至问安以为照应。少焉歌管未终，已同车入酒楼矣。"这大约是京戏"不光彩的传统"的又一例，它与上文提到的淫戏并存了很长时间，而且互不相扰。淫戏服务于外籍的商界人物，看客仅与演员在戏园子里作精神"交流"，而相公男旦与"老斗"看客之间的关系则下作得多，萦绕其间的就是畸形性心理观念了。

花衫与梅兰芳的相遇

清季是没有女戏子的，所以由男演员扮女角，也是一种没有办法的办法。久而久之，本应声形统一的审美习惯被强行割裂开来——如果是看青衣，观众就习惯闭目去听陈德霖、孙怡云那样的亮嗓子；如果是看花旦，观众就能容忍、略去男旦那不美的扮相，任其在庸俗方面肆意发挥，以获得一点不健康的"野趣"。到后来，在天津和上海的租界内，始有唱皮黄的女孩子出现，但她们与当时名震寰瀛的京朝大角，都还处于相互封闭的状态之中。等八国联军由天津进入北京之后，天津租界的女戏子王克琴、刘喜奎等也随着混乱跑到北京，结果大受欢迎，究其原因，是这些年轻漂亮的女戏子，把一种"活女人"的真实风韵带到了台上，这就使昔日那些"割裂"开来的审美习惯显得无地自容。稍后两宫回銮，当局也就默认了女伶登台的既成事实；女伶既然能在北京安营扎寨，于是也就有了观摩著名男旦表演的机会。这一来，男旦某些演技上的优点长处，也就被化用到活泼妩媚的女性身上。女伶们把它们拿到舞台上一"亮"，果然光彩无比，这就不仅使原先唱花旦的男性显得面目可憎，更把原先单靠卖唱的男性青衣干脆撺下舞台。北京戏迷经过几代人才形成的"听戏"习惯，就被女伶三下五除二地给予瓦解，到民国初年，此种倾向就越发鲜明了。

当梅兰芳沿着正工青衣的传统成名道路，刚刚亦步亦趋地做出一些实绩的时候，就碰上女伶骤兴的挑战。自己怎么办？如果继续走前辈青衣的老路，自己的戏码即使还能一点点地向前挪，但挪到一定位置（比如中轴）就难以再向前了，因为前辈青衣尽管在台下已见老态，但一上台还是虎虎有生气，老观众认的还是他们，从梅兰芳讲也没有欺师灭祖的"勇气"……但是，与梅半师半友的王瑶卿，他那种不拘一格塑造人物的方法（当时并无"花衫"之名）已经有了成功的苗头，只可惜因为中年倒嗓退出了舞台。花衫在等人，梅兰芳在寻路——二者由遥遥相对，终于越走越近而契合了。梅兰芳为什么能走上这条改革之路？因为在他周围，不知不觉出现了一批亦新亦旧的文化人。梅与他们朋友相处，不再存在兼营相公的前辈旦角与"老斗"看客间的尴尬关系。在这批文化人的影响之下，梅兰芳由传统戏入手，开始了未有前例可循的艺术革新。

花衫起步于《汾河湾》

很难讲花衫始于何年何月何日，因为梅兰芳生前没有论及，"傍"早期之梅的那一批人物均已辞世。笔者查阅了大量资料，认为1913年冬天梅在北京演的一场《汾河湾》，就是他接手花衫用之革新的开始。

那晚，台下有一位特殊的看客——齐如山。他比梅年长十七岁，曾两度赴法得到观摩西方戏剧文化的机会，因此回国之后便开始用新观点研究起旧剧来。那晚戏毕，齐给梅写了一封三千多字的信，指出：柳迎春在进窑闭门之后，"脸朝里一坐，就不理薛仁贵了。这当然是先生教得不好，或者别人的戏也是如此，所以您也如此。这是极不应该的，因为薛说他是自己分别一十八年才回来的丈夫，自己虽不信，当然看着也有点像，所以才命他叙说身世。意思是他说来听着对便承认，倘说得不对是有罪的。在这个时候，人家在门外说了半天，自己却无动于衷且毫无关心注意，有是理乎？"随后，齐如山历数了这段西皮的每一句唱词，指出每一句唱毕柳迎春都应如何相应地做出身段表情，以求层层递进，把戏推向高潮。

齐写过此信，自认为"随意写着好玩，不见得有什么效果"。不料过了十多天，梅又唱《汾河湾》，齐如山惊讶地发现——梅完全照信中所示改动，并且受到观众的热烈欢迎。梅后来也回忆说，在这一场演出之后不久，自己曾陪谭鑫培唱《汾河湾》，依然按齐所示办法增加了身段表情，而谭事后对人说道："窑门一段，我唱的有几句并不是得好的地方，却奇怪有人喝彩。留神一看，敢情是兰芳在那儿做身段呢！"

这段梨园掌故颇有意义。按老规矩讲，梅在谭的过门中做身段而得彩，可视为抢戏或搅戏，然而谭并没有怪罪孙子辈的兰芳，这就给了梅极大的勇气；同时也只有谭叫天首肯了旦行新秀的变革之后，才增强了齐如山与梅兰芳继续合作的决心。因为在当时的情况下，一个有点儿文化和新思想的人，要想在梨园旧营垒中落实自己的改革措施，一是要选择一个能虚心听取意见的人，二是这个人要有能力和威望去推动这种改革。很巧，梅兰芳一身具备了这两个条件，于是这一出《汾河湾》第一次使观众细致地体味了妻子对于久别丈夫的复杂心境，同时也在不知不觉中突破了以往存在的"听青衣"与"看花旦"那道声形截然分开的藩篱。

花衫成型于《太真外传》

在改编老戏中尝到了甜头，到排演新戏时更当会放手大干。20年代中期，梅排出了社会反响强烈的四本《太真外传》，这里引录一则时人观剧的切身感受，可见花衫的魅力是何等"抓"人了——

"在《太真外传》里，你看在华清池赐浴之后，那玉环妃子百花亭畔，喝得七分醉意，想起那胡须满腮的老头子，不能不使她失望。在白玉台阶边，她徘徊上下，酒兴催人难自己。她把双手紧紧按在腰，懒洋洋地躺在台阶上，眉尖下泄露出最淫荡的眼光。这时台后的乐队打低了调子，二胡三弦为主，奏出一段悠扬的柳摇金。接着板鼓笃落一下，京胡提高了调子，转入二黄倒板，再转顶板，她醉态酣痴地唱：'这真是酒不醉人人自醉，色不迷人人自迷……'万缕春情自丹田涌出，她委实不能自持了，叫道：'高力士，卿家在哪里？'谁知聪明的中国皇帝早料到会有这一着。此际的高力士爱莫能助，只能迟疑着应声跪下。而玉环妃子春情不减，犹在举手招呼道：'力士……'

"在这娇滴滴的声音里，舞台下千百个观众不觉都停止了呼吸。千百张剧情说明书被不知不觉地搓成小纸球。性子急的男士们这时恨不能一跃上台把高力士推向一边；女观众也同样局促不安起来，因为她们知道演这个痛快淋漓场面的不是女性的杨玉环，而是男性的梅兰芳！

"就在这紧张的几分钟内，有的女士被人在手上偷去钻石戒指，老太爷们也有人被小偷在这时割去了狐皮袍子后面的下半幅。

"那坐在前排的英美公使们，也不禁紧紧拉住他们身边'密赛丝'们的手，轻轻地叫一声'汪达否'。在他们洋人面前唱京戏，本是对牛弹琴，但在这场合下，纵使是牛也要为之情思荡漾的！……"

梅兰芳的"这一个"杨玉环，已很难讲是青衣还是花旦。在唱到"酒不醉人人自醉"时，发声吐字或许仍属青衣，而眼神、指法以及掩藏在后面的心态，肯定就是花旦的了。到后来一而再、再而三地招呼高力士，虽然花旦的东西大量表露于外，但青衣的"份儿"依然还在。由此可见，梅的"这一个"杨玉环已是青衣、花旦的化合物，而且在四本戏的不同部位（由杨玉环到贵妃，再到太真）中所含两种成分的比例也有所不同。因此可以说，花衫这一种灵活多变的表现手法，终于因《太真外传》的问世而成型。

《霸王别姬》又有升华

梅兰芳在《太真外传》中塑造了一个浪劲十足的杨玉环，自己的下一步该如何走？他不禁把目光回溯到 20 年代之初，回溯到由齐如山加工改写、自己与杨小楼合作的《霸王别姬》上。与全新的《太真外传》相比，《霸王别姬》要算一出半新不旧的戏，因为梅动它之前，杨老板先与尚小云就排演过两本《楚汉争》，并轰动过上海。梅拿过来时，把两本合成一本，把原来的偏重霸王改成霸王、虞姬并重。几年演下来，每演到虞姬自刎观众就开始抽泣，连后面杨老板的乌江大战也顾不得看了。这究竟是什么原因？梅兰芳反复琢磨才恍然大悟——观众之所以格外动情，是因为虞姬与杨玉环相比，有一种更高雅、更强烈的动人情愫。以身相殉的那种无比的忠贞，舞剑时的那一种悲壮，包含着中国古代女子最典型的美德。观众看戏时所感悟到的，已不再是狭义的男女之"性"，而是一种广义的品格之"性"。这是经实践而达到的理念升华，使《霸王别姬》的动人力量远胜《太真外传》。请再看一段时人的观剧文字：

"这时已月到中天，隐约可听出四周喊杀之声。在这个凄凉的军帐内，为让他休息一会儿，她默默地走出帐外，时当初秋天气，真是'云敛晴空，冰轮乍涌，好一派新秋光景'……要不是国破家亡，这一番夜色多么值得流连。她徘徊在月光之下，心乱如丝，这时后台的乐队奏出了幽怨的南梆子。她清晰地唱道：'大王爷他本是刚强成性……屡屡地进忠言总是不听……'忽然武场内敲起'东——仓'，接着就是一阵大锣大鼓，一阵楚歌，敌人四面杀来！她仓皇逃入帐内，忙叫'大王——醒来！'那个余威犹在的项羽，一觉醒来，知道情势已到最后关头。挟一个柔弱的虞姬一道突围，势所不能；撇她而去，于心何忍！英雄有泪不轻弹，只因未到伤心处。此情此景，纵是西楚霸王，也禁不住热泪满眶，发出了哀鸣。那花脸紧紧地拉住她的手，悲壮地唱道：'十余

▲ 梅兰芳与杨小楼合拍《截江夺斗》剧照（1932 年）

年说恩爱相从至此,眼见得孤与你就要分离……'但是身边那个依依不舍的小鸟,却仍凝视着他,嘤嘤地叫着:'大……王……呀!'也就在这一声中,不知有多少个观众的手帕为之湿透了。"

梅兰芳察觉到,这段戏的两个角色要运用全力相互刺激,才能把"戏"推向高潮。这场过后,霸王即便打得再猛,也没"戏了"。故而全剧在"别姬"处结束是有道理的。在这一折中的两个演员,谁的功夫好,谁从广义角度对"性"的体会深,就可以说是以谁为主。大约正是这个缘故,梅兰芳年轻时没有让已入化境的杨小楼给压倒。相反,后来当一些坤伶竞演虞姬之时,观众倒嫌其轻佻了。究其原因,梅此际已不再是模仿女子,而是在创造反映中国女性的本质和意象的典型,力求传达中国女性独特的温柔、忠贞、坚韧等特征。这种高屋建瓴的认识,就不是当时靠脸蛋吃饭的坤伶所能企及的了。

《宇宙锋》达到极致

梅兰芳在幼年时期,就听过陈老夫子(德霖)和其他几位老前辈的《宇宙锋》。此戏那时多放在"中轴","除了几句唱之外,没有什么做工,更说不到表情上去"。可梅兰芳自己在三十岁后,对这出戏却越唱越上瘾。每逢演出,其他戏码都是任凭管事的去派,唯独此剧却是梅亲自指定了要唱几回,好由此"过过戏瘾"。此"瘾"究竟由何而起?从本质上讲,就是梅在运用性心理学去演戏上面已经达到极致。

这是一出悲得令人痛不欲生的戏,又是一出美得让人发疯的戏。尤其是"赵高修本"一场的后半部,赵艳容装疯时要对父亲唱道:"我这里假意儿懒睁杏眼,摇摇摆摆摇扭捏向前。我只得把官人一声来唤,一声来唤——我的夫呀,随儿到红罗帐倒凤颠鸾。"梅兰芳最初唱到"随儿到"这一句时,总觉得碍口,总感到极大的困惑。他想:女儿即使是装疯,也何必非得认父为夫,更何必非得拉父亲去"倒凤颠鸾"——那可是乱伦的啊!梅兰芳想要改词儿,但身旁的朋友劝阻了他。朋友们说,这样写戏用意极深,因为赵高为人奸诈,赵女若不把疯劲装足做透，是瞒哄不了他的。在封建社会中，奸淫被视为万恶之首，而乱伦比一般的奸淫更让人不能容忍。然而从赵女方面讲，由她提出与赵高"倒凤颠鸾"，又有其性格发展的合理性——因受刺激而神经错乱，在迷离恍惚中见到丈夫而思春，这是合乎逻辑的，而这合乎逻辑的一举，对赵高来说又是多么强烈的一击！梅兰芳听后觉得有理，便不再坚持改词儿，但依原词儿表演时，又总不免"把表情、身段冲淡了些"。

这样处理算不算已臻完美？还不能。后来一次演出中的即兴创作，反倒实现了"无心插柳柳成荫"。梅在《舞台生活四十年》中回忆说："在唱这一句之前，照例先由哑奴比一个手势。按剧情来说，也不能少这一点交代。因为赵女装疯之后，一切应付，都由哑奴指点。如果将唱这句时，哑奴反而没有表示，那就成赵女自动地要做了。这与赵女的身份，更不相宜。我总想改良，但总也没有好办法。有一次，在哑奴刚比上手势的时候，我用水袖照着她的手打了下去，整个地遮住了她的手势——这是说赵女已经领会到哑奴的意思，不要她再往下做。许源来当时正在台下听戏，就看出了我的用意。唱完了他走进后台，很满意地对我说：'今天你的水袖，打得可真是地方。哑奴有了交代，你把赵女的身份也顾及了。我们听戏的看了，也不觉得（后面的）肉麻了……'"由于梅用水袖向下的这一"抑"，使后面唱到"随儿到"一句时，尽可以放开去"扬"！有抑有扬，方能展示人物那一种痛苦的美，方能加深演员和观众间的交流，方能显现这个剧本内涵的力度！这一个小例子说明，梅已经很善于运用性心理学去指导观众的审美，他从那些稍不留意就会"演黄"的地方深入开掘并重新处理，终于获得了既惊心动魄又感人至深的剧场效果。从这个意义上讲，《宇宙锋》达到了梅一生塑造人物的最高峰。

讳莫如深"十七年"

建国初期伴随《大劈棺》、《马思远》之类有淫荡内容的剧目被禁，京剧中与性有关的表演成分，也渐渐变轻减淡。梨园界人在新时代新生活新思想的感召之下，常常通过"自我革命"去剔除往昔表演中的不健康因素。比如《乌龙院》中的宋江，究竟是乘人之危买小蓄妾的嫖客，还是农民起义中的英雄？这问题缠绕了许多年也没搞清，但宋江的舞台形象却很快"纯洁"起来——类似"你老爷就是喜欢这个调调儿"的表演被取消了。又如，高档次的妓女所面对的妓院生活，可是如《日出》中的翠喜那般残酷？这问题也不是很容易搞清爽的，但《女起解》中苏三回顾往昔的唱词"盘头似锦"，却被武断地改成"艰苦受尽"。这样的例子数不胜数，被压抑和取缔的不仅是狭义的性，而且包含广义的性——但凡那些因性格复杂多面而感人的戏，通常就都要被赶下舞台。人们再也听不到《一捧雪》中莫成替死前那悲怆的三呼，再看不到《马义救主》中马义持刀回家见到妻女时急忙藏刀的"转磨"，再观赏不到《斩经堂》中吴汉

▲ 《女起解》，梅兰芳饰苏三

杀妻之前那一种亲切与残酷交织的特殊感情……人们只能看到和听到的，是一眼就能分辨的好人与坏人组成的"连环画"，尽管它是用极为优美的唱腔、极为铿锵的念白和极富节奏的做工武打所精心装饰过的。

性已被赶下舞台，但是没有被赶出生活。事实上，越是使文艺与性绝缘，就越是增加了人们对性的神秘感和渴望。"十七年"中我国人口激增，固然发生在批判马寅初的"这一个"大背景下，但同是在"这一个"大背景下，人口的增长率因文化层次的不同又有高低之分。这说明性本身是一门科学，不尊重它是要吃苦头的。

到"文革"时，越是科学越倒霉，因为目的就是要把现代迷信捧上天。样板戏中的英雄，几乎全是无家、无偶的"中性人"，江水英、郭建光、柯湘都成

为理念的化身。"十七年"中的"亲不亲，阶级分"，此时变成了"亲不亲，路线分"。而"十七年"中远比京戏要有影响的歌舞，在表现男欢女爱时当然也须简化和淡化；谁知到了"文革"时摇身一变成为硬派歌舞，直接成为路线斗争的工具⋯⋯

性的复苏

在新时期中，性首先在京剧之外的文艺界复苏。《大众电影》的封底发表了一幅外国人接吻的剧照，就曾引起轩然大波。奚秀兰穿着高开衩的旗袍在万人体育馆演出，又引起许多"规矩人"的侧目而视。不久，在北京举行的"南腔北调大汇唱"中，一曲"迪斯科加苏三起解"，更使梨园老人们愤怒已极！然而就是这一曲奇异的嫁接物，至今仍在梨园内外传唱不衰。过去对这一嫁接表示赞同的文章，常常用"迪斯科属于外国劳动人民"为理由进行辩解；今天我们重新思寻之际，忽然感到豁然开朗——因为性是迪斯科中最活跃的一种东西，而苏三在起解之前亦是一个靠性吃饭的人，所以这一种貌似奇异的嫁接，其实是很有内在的根据的。

近二三年，文艺界的"新潮"泛滥，侵蚀着传统。以霹雳舞为例，它与一般意义上的舞蹈的原则区别，就是不以反映既定的社会生活和渲染人物的感情为目的；它只是使人体许多通常是静止的关节，产生了异向的动作与旋转，从而显示出人体若干未及开发的本能，它使舞者与观舞者都沉浸在一种"性"的原始状态之中，先是愕然、昏然，继而便是奋然和狂热！这一股"新潮"旋风，也无例外地吹进梨园。许多青年演员也穿起"瘦、透、露"的服装，模仿起新潮人物的生活方式和思维方式，一部分人甚至兼而成了流行歌星或霹雳舞手。但是，性的"新潮"还远未渗透进传统艺术的革新实践之中，因为它以往所做到的，仅是在嘲笑声中拉走了几个被讥为"意志不坚定的人"；它要想以一种独立艺术的身份，去和有着悠久历史的传统艺术进行较量，恐怕还得等到明后天才行呢！

今日观众是否还用畸形性心理观念去欣赏文艺作品？答案是肯定的。流行歌曲女歌星中，大半是哑嗓子，近乎男人；港台某些男歌星，嗓子却轻飘飘软绵绵，近乎女性；为他（她）们伴舞的那些男女，从服装到舞蹈，其"质"都近乎中性。大约正是这一股梨园外的畸形审美风，又不着痕迹地刮进了梨园。它使濒于湮灭的最后一代男旦、女净得以继续演出，并且获得异乎寻常的欢迎；它又培养出新一代的女武生和女老生，并使"只要材料合适，男旦、女花脸也应该再培养"的舆论，在戏曲教育战线上畅通无阻。使人真正担忧的是，台上的"畸形儿"会促发台下的畸形心理。当我们正为国内因"涉外"而发现的仅有的几例艾滋病而焦急的时候，说不定哪一天，我们会在梨园深处也发现同样的病例！这不奇怪，因为民族戏曲早就具备形成"艾滋病"的"病灶"，现在乘改革开放之便，它蔫不溜地又会死灰复燃。

统而观之，近年狭义的"性"已广泛走上舞台。众多女歌手在展示富于"性"的歌声的同时，也展示了新奇的服装和她们的"色"。那种大写的"性"还见之不多，于是我们就很难发现中国自己的帕瓦罗蒂或多明戈，就很难发现那些"一登台而'份儿'先在"的男性大演员！不是这样的吗？

性与京戏的起源

以往的京戏史家，很少从性的角度去研究京剧的兴起。但是翻阅一下有关京剧史料，就不难发现性在当时对梨园的影响。比如 1790 年四人徽班进京之后，清政府就在 1798 年颁发了一道诏谕——即禁令："乱弹、梆子、弦索、秦腔等戏，声音既属淫靡，其所扮演者，非狭邪媟亵，即怪诞悖乱之事，于风俗人心殊有关系。此等腔调，虽起自秦皖，而各处辗转流传，即苏州、扬州向习昆腔，近有厌故喜新，皆以乱弹等腔为新奇可喜，转将素习昆腔抛弃，流风日下，不可不严行禁止……"这一纸禁令，未能把花部诸腔真正吓倒，反倒从客观上促进了花部诸腔的变革和发展。由此可见，性在近代戏曲的"花雅之争"起到了一种积极作用。徽剧从安徽传出来，也因对性的态度不同，走上两条相对立的道路。一条是进京后排斥表现性，在宫廷的熏陶与提倡下，愈来愈规范化、程式化。表现帝王将相的政治戏占了很大比重，而那些表现才子佳人的剧目中，也是从封建王权的角度对性进行阉割。另一条走向长江以南，这是民间的道路。其剧目中比较多地接触了性，也采取了比较活泼和健康的态度，我以为，从这个视角深入开掘，或许能从一个新的侧面，为今天及以后的京剧发展提供历史经验。

我由京戏的兴起联想到文艺起源，并查阅了以群主编的《文学的基本原理》一书。这本 1964 年编成，又于 1979 年修改审定的高校文科教材，应该视为一部权威性的著作，遗憾的是，其中对于"文艺起源于社会生活"的论述只是谈及生产斗争，而完全摒除了性的作用。我想起了"饮食男女、人之大欲"的古话，越发感到其内涵的丰富与深刻。饮食，当然不会从天上掉下来，需要人们通过社会生产而取得，这期间自然会有原始文艺形式的涌现，并在后世的劳动间隙中不断加工。而男女者虽然异性就大量地存在于身边、面前，但同样不能唾手可得，而需要选择和比较——还必须是充满感情的选择和比较，才可能相亲相娱，以至产生后代。在这一过程中，难道不同样会产生文艺作品吗？从《诗经》中的"关关雎鸠，在河之洲"，到今日少数民族的"对歌"、"跳月"和"姑娘追"等民俗活动，不是同样充满了诗情、舞韵和美学吗？

第二十三章 漫忆平生多歧路·坚持美在过程

梅兰芳的一生既是顺风顺水，又每一步全都显现着艰难。他被他的事业忙得团团转，很难有闲暇坐下来，认真回忆自己一生都经历过哪些艰难，在哪些时刻如果事出意外，就会改变自己一生的轨迹。这种事出意外有两层含义，一是与自己有关联的外人外事；二是自己本身的事。

每次翻阅早年照片，总会看到王蕙芳那熟悉的身影——是自己的表哥呀，是自己舞台上的伙伴呀！如今哪里去了，实际早就不见了你的身影。记得我俩合演《樊江关》，我的梨花，你的金莲，那时你的名声比我大呀，我对你也是无比的佩服呀。可惜时间不久，我赶了上来，我甚至超过了你；再演《樊江关》，就变成我的金莲，你的梨花。等再后来，你连梨花也来不了啦，你渐渐淡出了梨园，身影入进那茫茫的人海之中。你消失了，如果没有我跟随你的步伐前进，也许你驰骋舞台的时间还会再长一些，因为那段时间，确实是咱们且行大出风头的时机啊。老辈儿们退隐了，咱们的前边没人了，咱们不上还等谁呢？如果没有我，齐先生或许就会盯住你，他会把给我的信都写给你，他老夫子还真有股毅力，能在一年时间给我连续写来一百多封毛笔书信。如果他也这样写来了，如果你没认真看并认真改正，那么他还会持之以恒地写下去吗？他写给我的那百多封信，后来被（尚）小云借去看了，抗战之前我南迁，与小云断了一个时期的联系，加上北平那时候也乱，这些信后来也就不知道下落了。真是可惜。

可惜的事还多着呢。比如砚秋，他曾到欧洲考察戏剧，回来写了一个"十九点"的访欧报告。为什么不凑个"二十点"呢？如果我写，兴许就会凑这样一个"整儿"。但砚秋硬是没有，他有一是一，有二是二，他在这上头一点不含糊，他是个严肃的人。他去欧洲，其实真正目的是想走我出访的老路。我去了美国，他就去欧洲。但可惜的是，他去的第二年就爆发了世界大战，他没法再带队去演出了。如果那时没有爆发世界大战，那他的前途不可限量，他毕竟比我年轻十岁，比小云、慧生也小四岁，如果我们四个并存的时间再长一些，如果我们三个的身体嗓子再出些毛病，那梨园内外就是他的天下了。有些事，包括人的身体，许多是不能预知的。就比如我们四个当中，数他最年轻，没想到数他走得最早。他人一走，把他那个声腔与那个流派，也全都带走了。如果不带个人成见地说，京剧旦行中数他创造出来的东西最多，加上他又最年轻，本来是个多好的事呀，没想到出国演出的事情一耽搁，顿时就落后了许多步……我知道他心底里憋气，他的气性最大，这似乎也是他的命带给他的，没办法呀。

没办法的人之中，还有我的一个学生李世芳。抗战一爆发，梨园就不能不凋零。他还算好，跑上海找我来了。他结了婚，娶的是姚二姐，姚玉芙的女儿，姚那时给我管事，有了这一层关系，我们就更近啦。我那时比较闲，我能在我上海的院子里，手把手地给他说戏，这在我可不容易。我收了那么多徒弟，真这样手把手地，似乎还没几个。我自己不唱戏了，我让我的承华社的老班底傍着他唱，让我那些老观众，看着他就想起我，我虽然只字未唱，可借了他的青春才华，等于又复生了一回。他后来，又跟印度人搞在一起，筹备了一出印度的戏，准备先去一趟北方，回来后就排这出印度戏。这又是难得的好机遇，我仿佛看到当初年轻的我，如今复活在他的身上。可不料，他突然飞机失事，他一命身亡，我也哭了个稀里哗啦。我从小时起，似乎就没这么哭过。如果他没出这个意外，估计我的事业就由他来接了……您说，您能不信吗？

还想起马温如，我的马老弟！咱俩都在北方，都有比较大的观众群，咱俩艺术的平均分又都比较高，同时咱俩的艺术又都是既通底层又达天听的，就凭这几点，咱俩在北方如果一联手，再加上咱俩的行当占了便宜——如果这些都能实现的话，就让人想起——并且引证过去在北方剧场中经常能听到的那句话："咱这辈子听过了梅兰芳与马连良，行啦，够啦——这辈子没白活啦！"这句话说得有些绝对，而且有些伤人——伤了除去咱俩之外的许多同辈的老人，但咱既然辗转听到了这句话，就应该更加努力，同时在个人行为上也更加检点。后来东北出了伪满洲国，他们邀请你带团演出祝贺，你脑子就那么糊涂，你老兄就那么缺钱，居然就去啦！结果这一去，就让你老兄背了一辈子的黑锅！真是不值得，真是不划算，你身边早就应该有几个遇到事时能给你出好主意的谋士啦。如果你前半生顺顺当当，那京剧就基本是北方的事啦，咱俩许多事上一联手，在北方就能形成决定性的局面！我说这话，你难道不相信吗？如今我埋在百花山，你也埋在离我不到一里地的地方，附近又有了一些其他的北方艺人，这不是很好吗？到了夜晚，遇到事情，咱们这些人也开个小会，再不怕别人说咱们这是搞小团体活动啦。

哎，温如，老弟啊，我还跟你念叨一个事，这事憋在我心里许多年，我一直找不着人念叨。如今遇上你，咱们就说两句。你知不知道，20世纪30年代有那么一位很大的文人，绍兴籍贯，经常在报纸杂志上写很短的文章，文章经常带刺儿，扎上谁谁难受。我远在北方，从没跟他遇到过，也没跟他一块吃过饭。也没听说他进戏园子听过我的戏。可也真不知道他是怎么啦，忽然点名道姓骂起我啦！那语言真是很不堪，说我是象牙塔里如何如何，还把咱们整个梨园也骂了一个够。我想呢，咱们与他平素并无来往，又没得罪过他和他的家人。真是何必呢？别人还给我找来一篇他的小说，名字叫《社戏》。这小说挺好的，回忆他小时候如何在家乡听野台戏班唱戏，很有感情的。可就是不知咱们怎么得罪了他，不知京剧怎么得罪了他！回想咱们，也同样是唱戏挣钱，糊口养家，又犯了谁的法啦。我真的不明白，他为什么要远隔千里指名道姓骂我？据说，像他这样的人，像他这样的文章，在世界上还很多很多。听说他本人在20世纪30年代中期去世，但他这种文化人还很有影响。还听说他的观点很受当局的欣赏，而他自己的脾气又特犟——我甚至想，如果他活得再长久些，如果他的脾气与当局又发生一些矛盾（比如1957年发生的那事），那后来的事就很难说啦。如果他能顺利过关而得势，那咱们的日子会更艰难；如果他还是老脾气老做法，于是胳膊拧不过大腿去，咱们反倒应该同情起他来不是？

哎，温如，老弟啊，我还有桩心病——啊，不，这件事我不能跟你说，因为跟你说了，第一是于事无补，第二呢，甚至对你也不好。这样吧，您走开些，我就跟自己唠叨吧。（温如转身去了，并且离远了。）好吧，这话我在自己家里也没说过，如今旷野无人，我就跟自己唠叨一番吧。1949 年，刚建国，我本来也挺高兴，带团经天津去上海。路过天津时，稍微休整了几天，遇到一个记者采访，我就信口说了几句，就说出那句"移步不换形"的话。没想到，这信口说出了一句话，倒给我捅了大娄子：北京那边我的几位老朋友，一下子跟火上了房似的，准备口诛笔伐我——我本来还跟他们是朋友呢，有好几位还到我家里吃过饭呢，人怎么能这样，说翻脸就翻脸，一点情面也不讲呢？应该说，我还是追求进步的，与我相交的这些人，不论早认识的，还是新认识的，我都认定他们是好人，是对新国家有大用的人，他们怎么会一下子翻了脸，齐刷刷一起批判起我梅兰芳来了呢？是我犯了国家的王法？没有啊，临出来前我还在怀仁堂唱了堂会了呢？到场的领导最后还上台，跟我握手道了辛苦。这场面，那些准备批我的笔杆子，有几位也是亲眼看到了的，怎么，他们打算批我，就没先向领导请示一下吗？这样，岂不也太胆大了，他们岂不也太无法无天了？这怎么能行？我得转回北京，到熟悉我的领导那儿去告这几个人一状——我要告御状！我梅兰芳居然一建国就要告御状！让我的戏迷也知道知道，像梅兰芳这样一个好脾气的人，居然也要拦道告起御状来！其实，要说冤情，我才真是冤呢！我是最大的好人，更是最大的顺民。这，你可以问宣统去，可以问民国的历任总统、总理去，也可以问国民党政府的历任官员去！我梅兰芳究竟是怎么样的人，肯定都是有口皆碑的……梅兰芳猛然又想：好险！关于我是个什么样的人，怎么能去问那些前朝的官员，他们统统被共产党赶下了台的呀。我只能让共产党属下的老百姓为我喊冤，看来今后呀，我真得多下基层，多为平民百姓演戏才是……旧社会时说他们是咱的衣食父母，如今新社会了就更得靠他们给咱多撑腰才是哪！

梅兰芳越想，心中就越糊涂。本来，他以为新国家一建立，自己就是为新国家新人民服务的艺术家了。不料风波还是陡起，旧社会的大江大河都蹚过来了，怎么今天要在新国家的小河沟中翻船？梅兰芳想到这里，他彻底糊涂了。他甚至还猜想着，这次批判一旦实行，梨园内外会有什么反响？拥护那些笔杆子的，在演员中一定有人，当然，还会有不少同情自己、但表面上又不得不"说两句"的人。如果他们不说，其处境也会很难。当然，这难与那难又有不同，有人被迫"说两句"后会很后悔，甚至会跑进我家向我道歉；可还有的呢，目的就是抓住机会表现自己，好借机向上爬。这些人如果以后再跟我见到了，他们会跟我打过"哈哈"就一笔带过。今天的梨园呀，早已不是百年前的梨园了。想到这里，梅兰芳不由得心中叹息。他知道，叹息也会越来越没用的了。想到这儿，他忍不住又叹息了一声，尽管是轻轻的。

作者品评

上述各件事都或许发生在梅兰芳一生中各个时期中，尽管梅兰芳的命好，让这些倒霉事儿也没阴错阳差地发生出来，但产生这些可能性是确实存在的。其实，梅兰芳何止是命好呢，他实在是一生忙碌，他顾不上去背后猜测他人。他用他诚实劳动在自己的主旋律上，并获得巨大辉煌的成果，就足以抵御住背后的蝇营狗苟，让这些见不得台面的活动起不到应有的作用，或者把它们降低到最小，甚至是彻底消灭。

梅兰芳一生是为工作忙，是为提高艺术的格调忙，是为增加艺术的美感忙。这样，他就最大限度上获得了来自时代所必须给予他的褒奖，也就最大限度上消除了不健康力量对他的伤害。具体讲，梅兰芳能够制胜的法宝，就是尽量坚持"美在过程"这一理念。

无论是梅兰芳生前还是身后，人们都承认（有人是不得不承认）他的舞台艺术是何等光辉灿烂，承认其艺术所达到的境界是没人能够企及的。而京剧这门艺术，毕竟还是被广大群众所欢迎与认可的，于是梅兰芳获得了这最主要的成就，就让少数想侵害自己的败类无计可施了。如今在梨园，梅兰芳的弟子拼命在艺术与技术上追赶老师，有一小部分接近了，也获得社会的极高赞扬。但多数还是距离梅兰芳越来越远，甚至因走火入魔更背道而驰了。现在越来越多的艺术形式愿意把梅兰芳个人形象搬上舞台银幕，导演与编剧的初衷，往往是希望再现梅兰芳昔日在舞台上所做出的一切，认为有了这些光辉，就足以震撼今人的心灵了。设想诚然是不错的，但是容易吗？答案应该是太难太难的了，甚至难到产生这个意愿，就进入了一条岔道之中。因为梅兰芳从个人条件讲，在其时代就是百里挑一、千里挑一甚至是万里挑一的。加上他个人超凡脱俗的努力，这种努力又非常集中在京剧一行之中。不像今天的演员，又要学演戏，同时更要关注演戏之外的很多东西，精力不能集中。

笔者看过许多写梅兰芳的电影、电视剧或其他舞台剧，大抵做法都是一样——要安排一位外貌尽可能像梅兰芳的演员，去演梅兰芳的日常生活；同时再找一位年纪相当的京剧演员，去演梅兰芳的舞台风范。总之，采取"二合一"的办法去合成一个完整的梅兰芳艺术形象。导演都很努力，但最后的结果却总是不尽如人意。这真是非常无奈，主观想把事情搞好，但认识与手段的不得法，结果反而越来越搞不好。

我说的美在过程，似乎可以指以下的几个方面：

第一，坚持走正路，不搞歪的斜的。艺人的一生，说短则短，说长则长。梅兰芳一辈子经历的事情很多，但仔细一算，又处处都在发展事业的主旋律上，他一点也不复杂，处处显现了纯真。

第二，他也算账，但他重点只是算大账，不去在小问题上斤斤计较。他也挣钱，但是以合理的办法挣钱。挣到钱又最乐意花钱，花在事业与朋友身上的钱又最多。

第三，他视野广阔，目标准确，肯于集中精力于最尖端的事情。比如拍摄电影，他很年轻就多次介入，有时成功，有时不甚成功，有时还可能失败。他像"咬住青山不放松"那样，紧紧咬住了这门新兴的艺术，总是满腔热情参与其中，对方也很乐意与他长期合作，于是这就让他长期参与实践，并获得同辈人很少能达到的成功。

或许还有第四，他从零星的、非本质的部门入手，渐渐抵达关键的部门，逐步深入，渐渐探求到关键所在，最后才获得整体上的成功。这，或许说明他本质上还是凡人，但他的这些精神却是不凡的，最后让他与他的团队都达到常人难以企及的高峰状态。

第二十四章 由似到是·有内容亦有形式

人在青年时期大多追求一个"似"，要极力去像自己所佩服的某个人。梅兰芳也一样，他也追求"似"，一切要像陈德霖，所以才拜师于他。当然，跟梅兰芳一起拜师的，还有名声、造诣都大于自己的王瑶卿。梅兰芳曾表示要拜师于王，但王不接受，后来干脆建议梅与自己一起拜师陈老夫子，这就打断了梅兰芳要拜自己的念头。王瑶卿是位创造性很强的人，梅兰芳能够接近了他，也就堵死了刻意模仿陈老夫子的路。此时梅兰芳所求之"似"又在哪里？似乎就在于与陈的"似又不似"之间。

这条路梅兰芳走了很长时间，梨园的其他青年各自也有学习对象，也在走与梅兰芳相似的道路。直到梅兰芳后来先下上海、又赴美国与苏联的行为，这才在他与梨园诸多青年演员之间拉大了差距，这才在梅兰芳面前开启了一条新路，于是他又在寻找更新的"似"。可这难了，在他之前的旦角有谁去过上海？不多。又有谁走到国门之外（如美国、苏联）呢？这就根本没有了。到了这时，他之前就没有现成的路，他再想找现成的"似"，好像也不现实了。在梅兰芳面前，已经没有模仿的对象了。他在美国与苏联，接触到空前广阔的风景，他观察着其他人，其他人也在观察他，周围已在谈论他梅兰芳究竟"似"什么的事情了，人们肯定地研究着他，认为他业已找到了自己的"是"，并且通过他梅兰芳去研究把握中国戏曲的"是"了。这样，应该承认梅兰芳业已成名，业已他走出的"是"，业已取得世界性的影响。今后，他无须再小心去走求"似"的道路，而是高屋建瓴去俯瞰其他人甚至其他国家的艺术实践，最终去走成自己未来之"是"了。这也是时代使然。由"似"到"是"，像一副高高的天网，笼罩住每个时代大多

178

数有志者。"似"在网里边,"是"在网外头,能够突破网而上达"是"的境界者毕竟不多。

再往后,他遇到了抗战,梅兰芳不能再随心所欲地唱戏了;他被迫移居到上海,上海沦陷,他再次移居香港;不料香港也沦陷了,他只好回到上海,等待着祖国最终的黎明。这黎明终于被他等到了,于是他出来庆祝,先唱昆曲,随后又转回到京戏……不久,他又遇到了解放,他无比欣喜,他返回了北京,在北京重新从事起戏曲事业,他不断出来唱戏,不断得到新国家新的人民的欢迎;不久,他还被任命为重要的"两院院长"。但他把更重要的任务,看作是到全国各地巡回演出,他希望全国大多数省份的人,都能看到自己的戏……

他回想年轻时,曾在一段时间去追求的"似";随后在很长时间内,前面没有现成的"似"可仿效了,自己只有孤独前进,争取最大限度要靠拢"是"。能抵达"是"当然最好;一旦把路走歪,则采取扭秧歌的办法调整步伐,"进三退一"——被动了这样,主动了也这样。自己终究扭好了秧歌,终于找到并推广着自己的"是"了,而且越来越自觉地把握着这个"是"了。

他还在想,自己的这个"由似到是"的过程,究竟意义何在?究竟内容何在?是不是所有的人都有此追求?是不是所有的人都能把握住这一追求呢?

作者品评

梅兰芳能想到这些,就说明他毕竟不同于寻常人等,他毕竟是梅兰芳。既然这样,我们就只能沿着他独特的性格与思想的逻辑,逐步向前推导。

梅兰芳之前,又应该是谁呢?似乎,就应该是"戏曲史论"了。这是什么意思?我们出版过戏曲史,随后也出版过戏曲论,二者都是学术巨著,充满了知名与更多的不知名的人。但有一点可以肯定:在梅兰芳之前,戏曲长河之中似乎还没出现过比梅更有名的个人,因此在向前追索戏曲的发展痕迹时,我们就不能不碰到难以克服的困难。因为梅兰芳也不是凭空从天上掉下来的,他总是向前人学习过并且总结过,才会有他的后来吧。这里我只能以这个"戏曲史论"去替代梅兰芳前边的老师或导师了。它不可能是具体的某个人,但它能点化聪明而又艰苦学习着的梅兰芳。试问它是人还是物？大约既是人也是物，既是朦胧也是清晰的一个综合体。"戏曲史论"会感谢梅兰芳，会感谢后代有如此一位贤良之人，会引发自己去回忆去思考——

那是汉代，有一个"东海黄公"的故事：说曾有一个黄公，很英勇也很有法术，能够抵御各种凶猛野兽的侵袭。秦末有猛虎出现于东海，黄公前去征服，但法术不行了，被虎所杀。时人以为戏，流传之，这或许就是最早的戏曲了。只有一个简略的故事，虽不是戏而硬是成了戏。剧中"人物"有两个，一个是黄公，再一个就是与之搏杀的白颜色的虎（简称白虎）。二者都要由演员去扮演，其中的搏杀是最好看的戏。但毕竟是太简单了。记得高元钧的山东快书《武松打虎》也颇相似，其中也是武二郎与老虎两个"人物"，武松不仅能打，还有思想。老虎不仅要被打，同样也有感受。于是，在这"打"与"被打"之间，就产生出诸多的好戏。但"东海黄公"的故事还不行，光有过于简单的内容，还没有足够而恰当的形式。所谓戏者，就是内容与形式的统一。中国戏的早期，往往光有一个故事的轮廓，缺少动人的细节，形式上不统一也不完整。

来到唐代，又有"踏摇娘"的故事：说有一个喜欢喝酒的男人，一喝醉了回家就打老婆。这老婆把心中的委屈，述说于邻里．邻里同情之，把这故事搬上舞台，叫这喝醉酒的丈夫穿上妇人衣服，步法歪斜地走上，边走还边唱。他回到家，就打老婆。老婆躲闪，他就穷追不舍。每歌一段，妇人都处在悲苦阶段，但邻居都在幕后伴唱："踏摇，和来！踏摇娘苦，和来！"这歌声便成为舞台上的第三"人物"，成为支持老婆的一种精神力量。显然，故事的内容还嫌简单，但形式上好看多了，尤其是不出场的幕后歌声，成为一种没见过的、又很有气势的力量。应该承认，以上两出戏的主要人物都是两个人，是所谓的"对儿戏"，这是它们的相似之处；但后者胜于前者的奥秘，它又多少发现并落实了自身之"是"。这"是"就是那幕后歌声，它属于不出场的人物，很有力量却又很耐人玩味。从这个意义上说，后者高于前者，戏剧得到了有控制的发展。

还是在唐代，又有了一个叫"兰陵王"的新戏，反映了前朝北齐时期的一则轶闻：双方打仗。一方主将就是这兰陵王，他，恨自己容貌过美而不能让敌人害怕，于是用木头刻了一个十分凶狠的面具，他戴上冲入敌阵，让敌人闻风丧胆，立刻四散奔逃。故事的核心就这么一点点，但过场戏可能很多。这个故事反映出时代的进步，戏或许不大，其实也无须很大，戏核儿就在于兰陵王本人思索最初失败的原因——就在于自己的貌美，思索之后，几经考虑，最后决定用木制的凶狠面具去吓倒敌人。这出戏的戏核，应该就在于主人翁如何思考失败原因，以及如何去制作这凶狠面具的过程，这过程对于一个爱美的青年，应该是艰难而有戏的。只要把这过程表达得恰如其分，那这戏就成功了。至于故事的前因后果，可以减缩的地方大力减缩，突出最应该突出的地方——能做到这一点，这故事虽然不复杂，但形式上却先有了可取之处。于是，这戏的成功也就在预料之内。这个戏与前两个戏有不同之处，就是它具备了一段非常优美又非常生动的戏核。具备了成功的独角戏的基础。这可是了不得的大进步，放到今天也是非常突出的，如果在一个大戏当中，设置出这样的一个重场，整个戏的成功也就有了保障。京剧演员李少春曾在日本演出，间隙中观摩了日本艺人演出的"兰陵王"。少春向其学过，然后"再用京剧功法出之"，使日本艺人钦佩得五体投地，少春谓之说："我们京剧里有一种，用到"兰陵王"身上正合适呀……"

中国戏曲往下还依照自己的逻辑发展着。到了元杂剧的时代，每个戏的内容都有起承转合，每个戏都要有四折一楔子。所谓楔子，就是戏的开头；所谓四折，大体也就是其起承转合。没有这样的形式，也就无从体现出内容。由此可见，中国戏是非常重视形式的，但是如果搞得过分，那就成为形式主义。当然，就在元杂剧创造的中国戏之高峰状态下，形式主义也还是有的。比如那种"四折一楔子"中，全剧只让一个主要人物张嘴演唱，再重要的其他人，至多也只能有几句话白。还比如在昆曲等剧种中，唱腔多是板腔体，这样人物的心声就不自由。而后来衍生的新兴剧种中，就采用了上下句的对话一般的板腔体，显然就自由潇洒多了。在中国戏曲史发展的长河中，诸多单调与不公平的做法，都在后来的变革中有了新生。

"戏曲史论"不是天上掉馅饼，突然就降落人间的。在中国戏曲的初期发展阶段（比如《东海黄公》、《踏摇娘》）的阶段，"戏曲"本身就很被动，它只知道在此之前的若干个戏曲雏形，只能通过雏形去靠拢"似"，不知道未来的"是"在哪里。比如东海黄公与老虎搏斗，是真让演员与一只真虎在舞台厮杀呢，还是找一个假老虎与人"表演"呢？——如果真虎上台，它是由笼子放出来的吗？最后，又怎么让它回归笼子？这些，都是超出当时物质条件的难题，是演戏者所无法解决的。看来，办法只能是后者了，但老虎如何装扮呢，又如何动作呢？老虎的动作又如何与人的动作相互协调呢？看来，这些都成为长期困惑演戏者的难题。再比如踏摇娘与她的丈夫，这是两个在现实中经常可以看见的人物，可怎么去表现夫妻间的这种矛盾呢？难道真的让丈夫一次次去暴打妻子吗？一是没有愿意长期接受暴打的演员，二是这样的暴打也不好看，更没办法激起观众对妻子的同情。最后，才想出以幕后的合唱代表群众呼声的办法，生动而又简洁。尽管有困难，但没能阻拦戏曲的前进，随后又萌生了《兰陵王》，这个戏比以前是前进了一大步，它所反映的重心进入到人物内心：那个主人公制造并自己戴上这个丑陋的面具，必然煞费苦心，必然饱受煎迫，其内心的思想活动拿到现代戏剧中，也足够写一个重场！有了它，戏核就找到了，在这里，需要浓墨重彩地实写；至于戏的其他部位，就虚拟着一笔带过好了。由此，实与虚就分离开来，同时又从更高的层面之上统一在一起。戏曲出身贫寒，物质条件非常简陋，所以才萌生出后来的"一桌二椅"以及舞台后部的"守旧"雏形——我们遥想它的当初，可能就是一块单色的土布吧。戏曲是在实在没有办法的条件下，最终卓绝地找到了反映现实的办法。所谓虚拟的种种手法，也就从这里诞生。它在走过一段艰难之路以后，就自信找到了"是"，并且沿着这种"是"所启示的道路，去大踏步前进了。到了这个时候，戏曲本身日渐成熟，它当中的"史论"也不经过文字而形成。它成为一种巨大的力量，成为引导并促使后世梅兰芳一再努力向前的大背景与大环境。

让我们跨越历史时空，跳跃到昆曲文化繁衍后期的阶段，戏曲不但有曲折丰富的故事内容，更有了相对固定的形式。戏曲观众知道，形式对他们无疑是重要的，需要有两三个主要人物，时间可以拉长到两三个朝代，但最集中的矛盾还需要发生在某个朝代的某个地域中，可以南奔北走，但矛盾最终要把主要人物拉回到一个场景之中，重要的矛盾都必须有所终结。这样观众才会满意。我们可以仔细欣赏品味古剧场中的楹联，它们对戏曲的内容与形式之间的关系，有些是说得很到位的。兹引录如下：

学君臣学父子学夫妇学朋友，汇千古忠孝节义，重重演来，漫道逢场作戏

或富贵或贫贱或喜怒或哀乐，将一时离合悲欢，细细看来，管教拍案惊奇

尧舜生、汤武净，桓丑文旦，古今来几多角色
日月灯、云霞彩，风雷鼓板，宇宙间一大戏场

你也挤，我也挤，此处几无立脚地
好也看，歹也看，大家都有下场时

六七步九州四海
三五人万马千军

戏台小天地
天地大舞台

像这样的楹联非常之多，连西太后和光绪都亲自撰写，然后刻录在皇家戏台之上。它们往往比单纯的学者归纳更为生动，或许更能表现出戏曲的某些特征。我们还可以读一读李笠翁的词语，他讲了许多写作与欣赏戏曲的心得。因他是戏曲繁盛时人，所以说话的内容与形式都非常到位，往往超过了今人的总结。在最繁盛的时代，昆曲有许多的"家班"，是隶属于某个家族的戏班。因为背后

的物质的强大，就可以撒开来排演两三晚上的大戏。昆曲似乎还没有经过独立地走上社会的历史考验。

让我们再度跨越历史时空，跳跃到现当代梅兰芳的时期，也为了话题还集中在梅兰芳身上。等昆曲没落而京戏盛行，它从城乡接合部走向城市，既受到皇家的恩宠，也接受社会中底层的检验。这是它很难过的一个时期。但它成功地跨越了这个时期，进入广袤的社会又不拒绝特殊恩宠的两面性，让它一度十分自由。皇帝没有了，但城市中有钱人还很多，他们花大把的钱办堂会，让京剧得到了畸形繁荣。而京剧又不忘根本，基本上依靠社会的票房价值，只有它才是检验自身是否成功的真正标尺。进入解放，那种皇家的支持没有了，但来了一种出自政治需求的掌控，它其中既有严厉的限制，也有温情的经济支持，由古来的京戏演变成现代的京剧，也就在这样的摇摆中艰难度日。

梅兰芳去世得太早，他没赶上后来的纷乱。但梅兰芳毕竟是从清末民初的混乱中走过，他如果长寿，也许他会帮助后来人想些办法。什么样的乱，才算乱出了结果？回答则是：内容与形式真正达到了统一，哪怕这统一是暂时或脆弱的。目前京剧界是什么样的情形，我不太能清晰地知道，因为年纪与岗位都使我脱离了京剧工作的第一线。事情就摆在那里，你却没有力气与精神去介入了。我只能在回忆中思考，这或许也是我不能不悲哀的缘由。

本章所拟的这个标题，我还是坚信不疑的，否则就不把它摆在全书"大轴"的位置上了。今天许多演员和剧院剧团，往往一心扑在内容之上，远都还没有找到适合自己的形式。这绝对不是小问题，就京剧言，没有形式就没有前途，也就没有最终的成功。为什么许多优秀的演员的甲戏与乙戏截然不同呢？为什么某位名导演所排甲戏与乙戏截然不同呢？为什么某名创腔者的甲戏与乙戏，就不像出自同一人之手呢？如此种种，也许都说明一些人还没能把住京剧的脉门，因此也还没能掌握好继承与革新之间的关系。

梅兰芳1955年拍摄电影时出现的那条"胡志明小道"，无疑是一种新的探索。而今天京剧舞台上的新探索虽然很多，但大多成为节日的焰火，急剧蹿高并八方喷射后就立刻熄灭，似乎还没有哪个像梅先生所行走的那条小道那样"耐走"

那样"扎实"与那样"好看"。我真希望急于求成的年轻朋友稳住精神，再仔细研究一下梅先生一生所遇到所走过的道路，从中尽量多汲取一些好的营养，让京剧的步伐更加稳重坚实。

梅兰芳是 20 世纪中国最优秀的演员。20 世纪是促使京剧走向辉煌的世纪，这个观点近几十年一直没有受到冲击或挑战。其中的 20 世纪 30 年代与 50 年代，则是京剧两次登峰造极的时期——这一观点也同样一直被公认而没有受到否认。一种优秀的艺术都要具备"由似到是"的历史进程，才能由现实艺术走向古典。而要想完成这一历史进程，就又需要所在历史阶段（种种物质与精神条件）的极力配合，而整个的 20 世纪就是能够积极配合京戏走向成熟的世纪。梅兰芳逝世于 1961 年，此时 50 年代刚刚结束，60 年代的动乱即将开始，此后京剧受到的创伤日多，而疗伤的机会却非常之少。从这个意义上说，京剧要想再度获得重振雄风的机会，就需要在新的世纪中结合物质与精神两方面的力量与机遇，或许才能有新的进步——其中首先与重要的一点，就是要让它的内容与形式，重新完美地结合为一体，当然，我对 21 世纪的京剧人作如此的努力是不怀疑的，但对其是否能够获得超现实的成功，却有些怀疑。因为京剧自从 18 世纪后半叶诞生之际，近二百年业已走过极其艰难的创业与成长的道路，上边所说的两度辉煌，是否已达到它最后的艺术高峰？这一问题至今还在不同人群中产生了不同看法。但，每一种重要的民族艺术形式，都是各自"死生有命"的，如中国历史上的唐诗宋词元杂剧，其兴衰起落自有规律。至于业内业外的人言如何，似乎是起不到大作用的。倒是我们更应该努力观察今日京剧生存的大环境，检验一下究竟是有利还是无利于它的继续存世。如果确实看准了它还"有前途"，那就好好去做，把不利于它的劣势努力消除；如果确实感到"无力回天"，如果发现所处时代已不仅是晚唐，甚至是接近唐代的末期，那我们自己恐怕连"小李杜"都做不到了，那又该怎么办？如果是历史上那个温飞卿突兀再现，是究竟去继承"小李杜"的余绪呢？还是努力开启"花间词"之新声？究竟哪一种对历史更有利呢？让我们还是好好想想京剧的明天，如果发现它难于获得转机，那我们有限的力量，似乎还不如用于战略转移了。对今日京剧而言，晚唐诗歌的小李杜在哪里？

是否已有新时代戏曲的温飞卿们冒头？两方面是否形成角抵之势？我们居其中，究竟应该支持哪方面？这些不幸（实则有幸）而形成的事实，实在应该引起我们慎重的思考，然后再拿出有力的行动，来推动戏曲符合时代的再一次飞跃？

我仅把这一思考贡献给亲爱的读者，让我们在怀念梅兰芳的前提下共同思考，然后再齐心合力地共同行动吧。

后　记

　　"胡志明小道"真是长，梅兰芳还在走。只要他还在走，那么他就还是新的梅兰芳。大约正是这个原因，全中国甚至是全世界，都在关注着这位新的梅兰芳。

　　"胡志明小道"真是长，小道外边有许多人都在俯瞰小道里边的梅兰芳。外边的人中就有我，我以前就关注了他许久，从 1990 年出版第一本《梅兰芳与20 世纪》开始，加上在 1995 年、2000 年又写了两本，于是就形成"十年三写梅兰芳"的往事。这才几年，我已经不在梨园的圈里做事了，一个偶然的冲动，我又回转身来，写出了这一本。

　　梅先生已在那条"胡志明小道"中走了许久，走完这些章是否就算告一段落？否。他走得兴致正浓，他的艺术实践成为今天中国人的永恒话题。今天的中国人，不再像他逝世一周年时拍摄大型纪录片《梅兰芳》那样了，今天的回忆并怀念他，也有了越来越多的思路与角度。目前，北京的中国戏曲学院正在打造"京剧学"，南京的一个高等学府正在打造"戏剧戏曲学"；而电影导演陈凯歌在上海宣布，他的新片《梅兰芳》将在七月中旬开机……这一切都说明，现实中国并没有忘记"梅兰芳即京剧"这个命题，它关系到我们民族的命脉。我估计着，自己这辈子大约最后一次写梅兰芳了。尽管最近又托人买来电影版的《梅兰芳的舞台艺术》DVD（上下集）。

　　可能过三五年，我还会再拿起笔——毛笔，写一本叫《戏品》的书。用古代散文（甚至是骈文）去写。字数不多，有一两万字就够。但每个字都要锤炼，每个段落的立意更要反复推敲。书的封面已请俞振飞老人题签，这个复印品是 20世纪 80 年代初期就积攒下来的。写这书是二十多年前的心愿。因为上海著名园林专家陈从周先生当年赐赠了一本新作《说园》。我被这本书的样式吸引住了，是中英文两面都可以读的——正面是中文，是毛笔的繁体字，竖写；另一面英文，横排横读。当中的夹心是古代造园图三十二帧。我受到启发，准备在晚年模仿一次。当时我就征得了俞老的题签，它当中还有故事，二十多年来被我妥善地保存至今。我奢望自己的《戏品》，能够存身于古书《诗品》、《曲品》、《棋品》以及《茶品》之下。

北京目前正进行着大的城市建设，它似乎远比京剧重要，我也因此还在干着一些"其他"。但是，不管我今后具体在干着什么"其他"，在这"其他"的背后，永远是中国的戏曲，她才是我的魂魄所在。我不会忘记她的，相反，她总是隔不多久就叫我出来亮一下相——我感谢她的好意。我希望这本《戏品》成为我"最后的书"。

作　者

2007 年 6 月 24 日初稿完成

2007 年 7 月 2 日凌晨 4 点修改

附 录

天下真小

　　20 世纪 80 年代初期，我第一次进入北京西城帘子胡同梅宅。这里只能说是梅兰芳的副宅，其正宅在护国寺大街，但因为房子不够多，外地学生或泰州乡亲来了就没地方住。于是在刚解放后不久时，就以福芝芳的名义买下了这所私房，是个不大的四合院。

　　我去的时候，梅太太福芝芳已经去世。许姬传老人则住在北屋东侧的耳房中。院子的东屋是饭厅，西屋住的是绍武、屠珍，南屋住葆玥，葆玖则住在东城的干面胡同。我先拜访了许老，并拿出母亲的文集送给他，他很郑重地接受了，并拿出自己的集子回赠。50 年代初期母亲多次访问梅兰芳，都是他在旁作陪。随后我又到东屋访问了绍武夫妇，到南屋访问了葆玥，还几次到干面胡同访问葆玖。再后我就写了"梅宅新事"系列文章。不久我趁热打铁，又陆续访问了程宅、尚宅与荀宅，陆续写作并发表了"程宅新事"、"尚宅新事"与"荀宅新事"。

　　在这个过程中，唯独进入梅先生的副宅时，我第一眼的感觉就很惊异：怎么院子如此熟悉？怎么仿佛我幼年住过似的？当然，我没敢向梅家人仔细询问。后来有一次，我翻阅家中的旧照片，忽然发现了一张自己四五岁的小照：冬季，正飘着雪花。我独自站在院子里，穿着一件棉长袍。风吹过处，棉袍还卷起了一个角。我呢，则用右手揪住这个衣角。样子嘛，还真有些像武生起霸。我仔细看这幅照片的背景，越看越像这院子了。等下一次再去梅宅，我拿照片向着院子一"对"，背景完全一样。最后，我拿着照片去问许姬老，打听这所房子的来历。许姬老告诉我：梅夫人买时，仅仅知道房子的前主人是从前《大公报》一位老板的女婿……

哦哦，对了！完全对了。1945 年抗战胜利，在重庆《大公报》工作的我父母，受命前来北平，为天津《大公报》设立北平办事处。几番寻找房屋，最后就选定了《大公报》一位老板女婿的这所房子。我父母另有住处，白天来这里上班。那时我还在上幼稚园，有时因故不去，就来到这里玩。父母没有时间管我，就由其他年轻些的阿姨叔叔带领玩耍……

天下真小！这是我当时产生的感觉。梅先生的副宅，怎么会成为我父母工作过的地点？

我不是宿命论者，但由于以后研究梅兰芳文化现象日深，于是这所并不出众的四合院，却也时时进入梦中。记得那时报纸刊登过一篇文章，说苏联科技发达，把科学设备安在了克里姆林宫中，几经测试，就能得到当年列宁在办公室中所说过的话。我因此神往，心想如今如果能有这设备，也安在这院子里，一能听到梅兰芳的声音，随后再往前推导，或许还能听到自己幼时的说话呢？

后来再没有听到这样的推测，想来介绍的情况失真。但我丝毫也不后悔，能够与尊敬的梅先生的住宅有过交集，也算是缘分了。

我在梅宅磕过头

时间真快。我重新进入这所院子时，已与幼时光相隔了几十年。

最初我来得比较频繁，伴随那"四宅新事"的发表，梅宅这边对我越发厚爱。屠珍建议我与绍武合作，撰写二十集的电视连续剧《梅兰芳》。为此还一起到上海拜见俞老，又到南通参观了梅欧阁等遗迹，还到泰州跑了一趟，最后到南京与江苏电视台洽谈本子的长度与写法的问题。我后来完全投入进去，但这合作没能实现。于是我把下的功夫转化为写书，于是就有了1990年问世的《梅兰芳与二十世纪》。原来我也只打算写这一本，没想1995年又写了《梅兰芳百年祭》与2000年的《梅兰芳与二十一世纪》，从而"十年三写梅兰芳"，出版了《梅兰芳三部曲》。如果再加上这本《梅兰芳十九章》。那就是四写梅先生了。估计我对梅兰芳文化的研究，也就到此为止，我不太会再有写整本之书的精气神了。

回顾就在20世纪80年代的中期往后，在我与绍武夫妇从南方回到北京的时候。八月上旬某日，为了谈电视剧本的某个细节，我再一次进入梅家的西屋。落座之后，还没怎么深谈，就见屠珍跑出跑进，忙个不停。她满脸的不高兴："那些没良心的，今天怎么都不露面了呢？"我心中犹疑着：是说谁没良心呢？我问绍武："是说我吗？"绍武宽慰说："哪儿能说你呢？她是骂那些——"屠珍直爽说了明白："我是骂那些我们家的徒弟，大徒弟二徒弟与三徒弟们！想当初，我们老爷子在世时，他们整天往家里跑，赶都赶不走！如今老爷子不在了，他们到处打着老爷子的旗号，在江湖上招摇撞骗，仿佛只有他才是梅派的正宗似的……"

这一天恰是梅先生的祭日：8月8日。往昔这日子徒弟们都要到梅宅磕头，可今年不巧，只来一个梅兰芳早期的男性徒弟贾世珍。屠珍一边跑东屋安排中午的饭菜，一边跟我说："城北，平时你来了我不留你；今天你就别走了，参加我们的家祭吧。"我心中暗想，梨园人物进行家祭，我可从来还没见过呢。结果在中午前，绍武的哥哥嫂子先行祭奠，完事就先走了。随后在大北屋的西头，绍武举香（这似乎是司仪），他们子女四个（顺序是绍武、葆玖、葆玥、屠珍——先儿子，次女儿，最后是媳妇）磕头完毕，就轮到客人行礼了。第一自然是许姬老，他驼着背，从正面鞠躬三次；第二个是贾世珍，他跪在垫子上，恭恭敬敬磕了三个头。他磕头的时候，我心里就动起了心思：一会儿我是磕头呢，还是鞠躬呢？葆玖大约看出我的心思，连说"鞠躬吧，鞠躬好……"恰巧此时屠珍将了我一军："给艺术大师敬礼，自然是要磕头的了！"话说得理直气壮，不容分辩。我想起幼年在祖父家的时候，大年三十时也摆设香案祭奠祖先，从祖父祖母开始，大家都得排班磕头。我父母参加革命后在外边住，就再不参加这样的礼仪。祖父祖母很希望我大年三十在家里过，因为我是长门长孙。但我父母就是不许，他们顶多大年初一回爷爷奶奶家，嘴上说一句"拜年拜年啦"，手上作几个揖，谁还真跪下磕头？

　　我呢，此时脑子里转过许多问题：梅先生本人入了党，如果他在世，是否会欢迎我这样的外人给他磕头？我当然是晚辈，但不是他家的儿孙，我来他家是为了从文化上研究他的，是否也必须像徒弟那样先磕头呢？

　　刹那间也顾不得多想，我只能跪在了垫子上。我也磕了三个虽不像贾先生那么自然但是很真诚。等我站起来的时候，葆玖走过来跟我握手，并连说"谢谢"。我能感受到握手中的力量。

　　几天之后，等我再回到京剧院开每周的例行会议时，许多演员（特别是学梅派的）都上前向我问好。他们有人说："您真是有心人，比我们都强……"我有些奇怪。这话是什么意思？他们解释说："那天我是真有事，结果没能去，弄得五嫂大发雷霆。您以后有空时，也帮我们解释解释……"

　　我后来发现，京剧演员大多是双重身份交织在一起：一种身份是国家的演员，每月拿工资，服从剧组的安排，拍戏演戏，上班下班；还有一种身份是在师徒流派中，你是哪辈儿的，就得像哪辈儿的样子，对上怎么样，对下又怎么样。我无形中这样进入了梅派，以后的日子就好过了一些，至少梅派的年轻演员不敢跟我捣蛋了。你真要无理取闹，我可以到你们的大宅门中告你！

今天的葆玖

　　2007 年 12 月 1 日上海逸夫舞台举行纪念言慧珠的京剧折子戏的专场。我恰在上海，就看了这几场演出。我们住在上海的教育会堂，不断有京剧名家出出入入。话说这天中午，我在宾馆就巧遇一人，我们对面站住，彼此对望了许久，终于我叫出了他的名字："您是毕——老吧？"他也高兴极了："不敢，是谷云，谷云。"他是梅兰芳的磕头弟子，新中国成立后是东北本溪京剧团的台柱子，退休后返回老家上海，一晃也有十多年了。我跟他接触过，还给他写过文章，但最近这十多年则再没遇到。问他年纪，答曰"七十有六"。我大惊之，因为猛看上去，不过六十上下。真是驻颜有术。他还一定要拉我出去吃饭，我则说我们这里也有饭，况且还很不错，"跟我们一起吃算了"。他不答应，说一定要由他请——"到附近一个西餐馆，就吃牛排。葆玖也特别喜欢那里，说不定一会儿能碰上他呢……"说也真巧，在西餐馆果然遇到了葆玖，跟在他身后的则是他新近收的男弟子胡文阁。我与胡早就认识，但奇怪他怎么来了，因为节目单上没有他的戏码呀……

　　晚间进入剧场。重新看了看节目单，大轴是梅葆玖和蔡正仁的《贩马记·写状》。可剧场中间休息过后，场内灯光渐暗，大幕灯光逐渐明亮，便装的梅葆玖从大幕的缝隙中走了出来。观众感到意外，知道便装出来是要讲话的，能听葆玖先生说上几句，甚至可以说比听他的戏更加难得。于是掌声越发热烈。

　　葆玖轻咳了一声，观众心说糟糕，咳嗽声音很深，明显是感冒很厉害了。果然，葆玖说起他此番来沪的前一天，正赶上北京的梅兰芳大剧院隆重开幕，全国政协主席贾庆林及许多官员都到场祝贺，他自然要作陪了。那天的戏很大，等散戏都半夜了，陡然起风转凉，自己连大衣都没穿，一下子就感冒了。带病来到上海，原以为多睡睡觉可以扳过来，结果还是不行……说到这里，忍不住又深咳了一声。

观众心想，今天是没福气了，于是转念：多听葆玖说几句也是值得的。果然，随后葆玖就说起"言姐姐"当年住在他们家的许多往事。记得父亲曾说众多徒弟当中，男性徒弟最好的是李世芳，女性徒弟最好的就是言姐姐。最后葆玖还说在父亲去世一周年的纪念演出中，有一场是言姐姐主演的《穆桂英挂帅》，最后一场"出征"，导板的过门都已经响了，可言姐姐还在扎靠。这时言姐姐一把抓住自己说："你替我唱导板吧！"那真是间不容发，我也没办法推辞，就大着胆子唱了这句"大炮三声如雷震"。不料，台下还给了"好儿"。其实，我哪儿能唱得过言姐姐呢？如果今天言姐姐还在的话，振兴梅派扛大旗的肯定是言姐姐。我呢，只能双手侍立，也就是靠边站了……

下面，葆玖讲自己咳嗽不能演出，就把新收的"男生"徒弟胡文阁急调上海，今天由他代替自己演出《宇宙锋》中的一折。葆玖说，自己收过不少学生，但都是女生，收男生徒弟还是第一次。随后，他讲了不少胡文阁的好话，指出他学戏非常勤奋，这一出也是自己的亲传，如果有不到的地方，还请大家"再给他说说"。至于蔡正仁老弟，则由他独唱大轴，曲目改为俞老最拿手的《哭像》，那一定是错不了的……

大幕重新拉开，胡文阁的《宇宙锋》就上了。自从他拜师之后，嗓子跟身上都规矩多了，真是挺好的。我想起他的往事，十多年前"挂"在深圳歌舞团的时候，他到处男扮女装唱流行歌曲，他特能模仿，有时还跟被模仿的女歌手同台。他年轻漂亮，穿起女装，能让女观众心乱！但嗓子厚实，能够撒开来唱，观众发疯般欢迎他。他还习惯跟女歌星打对台，你刚才唱了什么，我也唱同样的那首歌，咱们就要比一比！他心想，你们女歌星唱两首歌就挣三五千，我跟在你们后边只三五百，这实在不公平。但听到观众欢迎我的掌声，心中这才平复许多。但，当自己年过三十之后，忽然感到这样总不是常事，他仔细看过几回京剧之后，就萌生了拜师梅葆玖的愿望。但你想拜就能拜得上吗？刚才葆玖提起他时，还说了一句"从前光在外边唱歌儿"云云，尤其这一个"儿"化音，就多少表达出一些不屑。但经过深入了解，知道胡文阁学过秦腔，葆玖这才释然，最后才收了这个已过三十的男生徒弟……

晚会的最后，是由上海戏曲学校的在校学生表演了京剧歌舞。孩子们都很年轻，舍得卖力气。但这次有些特殊的是，舞台背后的大屏幕上，再现了言慧珠 20 世纪 50 年代在自己家里练功的一段录像。是《霸王别姬》中的舞剑。那动作张弛有度，尽管图像有些模糊，但看得我们无不神往。随后再一了解，这段录像原来收藏在台湾一位八十多岁的老者手中，是香港的杨明兄知道了这一信息，特地跑到台湾找到老人，说明情况，老人双手奉送。随后我也找此次演出的发起者、上海戏校的徐校长要了这盘录像的复制光盘。

梅派艺术最标准的图像，当然是梅先生自己演的。但目前除了电影版的几个戏，其他的演出就大多丢失了。据我所知，海外还留存着一些。咱们是否应该花大气力搞回来呢？前年，我在全国政协副主席王选家中，就看到杨小楼与盖叫天的一些绝版图像，如今王先生已经仙逝，政府的文化部门是否应该学习王先生，也朝这个方向用心努力呢？